Margarete Pfisterer
Speisekürbisse

„Erst dekorieren, dann verkosten!"

Margarete Pfisterer

Margarete Pfisterer

Speisekürbisse

Anbau, Sorten, Lagerung und Verwendung

124 Farbfotos
 17 Schwarzweissfotos und Zeichnungen
 24 Tabellen

Margarete Pfisterer beschäftigt sich seit vielen Jahren mit dem Anbau von Kürbissen. Sie betreibt zusammen mit ihrer Familie einen Obstbaubetrieb mit Hofladen.

Die Deutsche Bibliothek – CIP-Einheitsaufnahme

Ein Titeldatensatz für diese Publikation ist bei Der Deutschen Bibliothek erhältlich
ISBN 3-8001-3216-8

Das Werk einschließlich aller seiner Teile ist urheberrechtlich geschützt. Jede Verwertung außerhalb der engen Grenzen des Urheberrechtsgesetzes ist ohne Zustimmung des Verlages unzulässig und strafbar. Das gilt insbesondere für Vervielfältigungen, Übersetzungen, Mikroverfilmungen und die Einspeicherung und Verarbeitung in elektronischen Systemen.

© 2001 Eugen Ulmer GmbH & Co.
Wollgrasweg 41, 70599 Stuttgart (Hohenheim)
email: info@ulmer.de
Internet: www.ulmer.de
Printed in Germany
Lektorat: Werner Baumeister
Herstellung: Ulla Stammel
Satz: Typomedia, Scharnhausen
Druck und Bindung: Friedrich Pustet, Regensburg

Vorwort

Alles über Speisekürbisse – das soll dieses Buch vermitteln! Die Sortenvielfalt ist recht unbekannt, und da auf diesem Gebiet noch viele Fragen offen sind, wurde ich in den letzten zwei Jahren oft darauf angesprochen. Darum habe ich mich entschlossen, meine Erfahrungen in einem Buch über diese „Riesenbeeren" festzuhalten, um durch eine ausführliche Sortenbeschreibung sowie Angaben über Aussaat, Pflege, Ernte und Lagerung Licht in dieses Thema zu bringen.

Meine Kürbisse halten mich das ganze Jahr auf Trab. Bis die letzten vom Vorjahr in meinem Ab-Hof-Laden verkauft sind, beginnt schon wieder im Frühjahr die Samenbestellung und die Aussaat. Daher bin ich täglich mit meinen „Lieblingen" beschäftigt und konnte in den vielen Jahren reichlich Praxiserfahrung sammeln.

Speisekürbisse sind speziell in Deutschland in der Nachkriegszeit in Vergessenheit geraten, da man in Bezug auf Kürbis doch sehr satt war. Denn im und kurz nach dem Krieg wurde der Magen unter anderem auch mit Kürbis gefüllt. Deshalb bekam ich immer wieder von Kunden zu hören: Nein danke! Kürbisse mussten wir viel zu oft essen!" In Südeuropa, Nord- Mittel- und Südamerika, Asien, Afrika und in den osteuropäischen Staaten sind die Verbraucher viel aufgeschlossener im Umgang mit Kürbissen, sie gehören schon immer zum Speiseplan.

In den letzten Jahren wurde zunehmend dieses alte und zum Teil vergessene Gemüse wieder entdeckt. Dazu zählt auch der klassische Speisekürbis. Heute haben wir aber den Vorteil, uns nicht auf ein paar wenige Sorten beschränken zu müssen, da Speisekürbissorten aus aller Welt verfügbar sind und die Sortenvielfalt jedes Jahr größer wird. Durch die Medien und die Kreativität der Köche hat der Kürbis sich zu einem Gourmetgemüse gemausert. Nicht zuletzt im Herbst durch das Halloweenfieber, das von Amerika zu uns kam, erfährt er wieder größere Aufmerksamkeit.

Mein Buch soll dazu beitragen, in erster Linie die große Sortenvielfalt zu entschlüsseln. Außerdem soll es mit alten Vorstellungen aufräumen und zeigen, dass Kürbisse vielseitig sind, da jeder Kürbis anders wächst, fruchtet, in Form, Gewicht, Geschmack, Lagerung und im Dekorationswert sehr unterschiedlich ist.

Außerdem soll es vor allem den Hobby- und Erwerbsgärtnern, landwirtschaftlichen Betrieben mit Gemüsekulturen, Direktvermarktern und Verbrauchern dienen sowie allen, die einfach die geschmacklichen Unterschiede bei vielseitigen Verkostungsmöglichkeiten kennen lernen möchten. Auch für diejenigen, die schon etwas Erfahrungen mit dem Umgang in der Küche haben, bietet dieses Buch sicher noch neue Anregungen.

Für Kinder und Erwachsene eignet sich der Kürbis ganz besonders gut zum Experimentieren im Garten oder sogar auf dem Balkon. Durch das schnelle Wachstum der Pflanze und wegen der interessanten großen Trichterblüten, die sehr üppig von Bienen und Hummeln besucht werden, wird der Anbau ein Erlebnis und nie langweilig. Es ist ungemein spannend: bekomt er Ranken, wie lang sind sie, wieviele Kürbisse setzt er an und wie groß werden sie? Er kann eingeritzt oder –geschnitten und im Herbst noch für einen Kürbisgeist ausgehöhlt und dekoriert und zusätzlich das Fruchtfleisch für eine Suppe oder Gemüse verwendet werden.

Die Anzucht und Pflege stellt bei diesen vitalen und anspruchslosen Pflanzen keine besonders großen Ansprüche. Also nur Mut, mal eine neue Kürbissorte anzupflanzen und zu verkosten!

Außerdem ist er gut geeignet, ungenutzte Flächen durch sein schnelles Wachstum unkrautfrei zu halten und zugleich im Herbst zusätzlich ein schmackhaftes, gesundes und lang haltbares und dekoratives Gemüse zu besitzen.

Die Auswahl der Kürbissorten in diesem Band erhebt keinen Anspruch auf Vollständigkeit, da jedes Jahr neue Sorten auf den Markt kommen

Die in diesem Buch beschriebenen Angaben beruhen auf meinen jahrelangen Erfahrungen unter Berücksichtigung der klimatischen Bedingungen in der Rheinebene (Weinbauklima), sie unterscheiden sich in anderen Gebieten teilweise deutlich.

Meinen Lesern wünsche ich viel Spaß bei der Entdeckung bekannter oder unbekannter Speisekürbisse sowie Erfolg bei der Zubereitung und viel Freude beim Dekorieren.

Heidelberg, im Frühjahr 2001
Margarete Pfisterer

Inhalt

Vorwort 5

Einführung 8

Alles über Kürbisse 9

Herkunft und Geschichte 9
Kürbisarten 9
   Gattungen und Arten (Tabelle) 9
   Cucurbita-Arten 10
   Cucurbita maxima (Tabelle) 10
   Varietäten des Cucurbita pepo 11
   Cucurbita pepo (Tabelle) 11
   Cucurbita moschata 12
   Cucurbita mixta (Tabelle) 12
   Cucurbita ficifolia (Tabelle) 12
   Cucurbita pedata (Tabelle) 12
   Acornsorten (Tabelle) 12
   Hokkaidosorten (Tabelle) 12
   Hubbardsorten (Tabelle) 13
   Squashsorten (Tabelle) 13
Vorzucht und Aussaat 13
Direktsaat 14
Pflege 15
Düngung 16
Ernte 16
   Erntezeiträume (Tabelle) 17
   Die aromatischsten Speisekürbisse
   (Tabelle) 17
   Verwendung (Tabelle) 21
Lagerung 23
Verwendung und Gesundheit 24
Allgemein 26

Erst dekorieren – dann verkosten 27

Eingeritzte Dekokürbisse 27
Erläuterungen zu den Sortenbeschreibungen 29
Speisekürbisarten von A bis Z (Zusammenfassung) 32

Speisekürbisse von A bis Z ... 33

Tabellen 65

Sorten, Farbe, Gewicht, Größe 65
   Große Kürbisse ab etwa 5 kg 65
   Mittlere Kürbisse etwa 2 bis 5 kg 66
   Kleine Kürbisse bis etwa 2 kg 67
   Sehr kleine Kürbisse bis etwa 1 kg ... 68
Wuchsform und Rankenlänge 68
Speisekürbis-Empfehlungen für den
Hausgarten 70
Speisekürbisse im Überblick 72
Kürbisfeste 75

Anhang 77

Bezugsquellen für Samenlieferanten ... 77
Kürbis – in den Sprachen der Welt 78
Literaturnachweise 79
Kürbiskochbücher 79
Bildquellen 80
Sachregister 82

Einführung

Meine ersten Erfahrungen mit dem Kürbisanbau begannen damit, dass ich mein Frühbeet im Garten sinnvoll nutzen wollte, ohne ständig Unkraut jäten zu müssen. Nach der Blumenjungpflanzenanzucht etwa Mitte Mai, zu diesem Zeitpunkt war das Frühbeet frei, steckte ich direkt in die Erde etliche Kerne vom Kürbis 'Gelber Zentner'. Andere Kürbissorten waren mir damals nicht bekannt und diese eine gab es damals in jeder Samenhandlung. Sie entwickelten sich prächtig und überwucherten mein Beet komplett, ohne jegliche Unkrautbekämpfung. Im Herbst konnte ich bereits eine Menge Kürbisse ernten. Mit einem Teil dekorierte ich das Treppenhaus, der Rest wurde verschenkt oder verkauft. Zu meinem Hobby kam ich jedoch erst ein paar Jahre später bei einer Lehrfahrt für Kernobst nach Südafrika. Bei einem Besuch auf einem Bauernhof mit Ab-Hof-Verkauf lagerten in einem Gemüseregal seltsame Gewächse. Nach einigem Begutachten hatte ich die Lösung: Das mussten Speisekürbisse sein! Angeboten wurden die Sorten 'Golden Hubbard' und 'Green Hubbard', 'Rolet' und 'Squash' ('Ufo'). Die Samen konnte man dort auch gleich kaufen, also nahm ich ein paar Tütchen mit nach Hause.

Probierfreudig, wie ich auch heute noch bin, steckte ich die Samen sofort im gleichen Frühjahr in meinen Garten. Zu meinem großen Erstaunen wuchsen sie prächtig – mein Speisekürbisinteresse war geweckt! Es lagen in jeder der mitgebrachten Tütchen nur 5 bis 6 Kerne, die rasch aufgebraucht waren. Ich machte mich daher auf die Suche nach diesen Sorten, leider vergebens. So begann ich, die Kerne aus den selbst gezogenen Kürbissen zu entnehmen. Ein oder zwei Jahre später wurde in einer Fachzeitschrift ein Gartenkatalog mit seltenem Gemüse angeboten. Er enthielt auch verschiedene Kürbissamen. Ab diesem Zeitpunkt war die Suche nach immer neuen Speisekürbissen nicht mehr zu bremsen. Mein „Kürbisfieber" war ausgebrochen.

Im Hausgarten probiere ich die „Neuen" erst einmal aus und notierte alles Wissenswerte: Größe, Farbe, Gewicht, Wuchs, Erntezeitraum, Dekowert, Verwendung und Lagerung. In der nächsten Saison kamen sie in den Feldanbau.

Inzwischen bestelle ich Kürbissamen im In- und Ausland; eine Adressenliste finden Sie in diesem Buch (s. Seite 77/78). In den letzten Jahren ist der Kürbis in der Küche wieder entdeckt worden. Früher gab es meist nur süßsauer eingelegten oder mal eine Suppe. Dank dieser Renaissance werden mehr verschiedene Sorten angebaut und verkauft.

Und noch etwas: Nicht nur mit Zierkürbissen kann man toll dekorieren! Auch viele Speisekürbisse sind sehr schön und kunterbunt, halten lange und können wie Zierkürbisse verwendet werden. Speisekürbisse sind viel zu schön und interessant, um gleich im Kochtopf zu verschwinden! Daher lautet mein Motto:

„Erst dekorieren – dann verkosten!"

Alles über Kürbisse

Herkunft und Geschichte

Die Geschichte der Kürbisse reicht über 8000 Jahre zu indianischen Vorfahren in Mittel- und Südamerika und ganz besonders zu den mexikanischen Ureinwohnern zurück. Das Heimatland ist daher Mittel- und Südamerika. Die Herkunft aus wärmeren Ländern zeigt sich auch in ihren Wärmebedürfnissen und der Frostempfindlichkeit. Aus der Untersuchung von prähistorischen Funden haben Wissenschaftler festgestellt, dass Kürbisse zu den ältesten Kultur- und Nahrungspflanzen Amerikas gehören. Wahrscheinlich wurden sie von indianischen Ureinwohnern, den Indios, in Mexiko und Peru bereits zwischen 5000 und 3000 vor unserer Zeitrechnung angebaut, oft als Mischkultur mit Mais und Bohnen. Mit der Entdeckung Amerikas durch Kolumbus kam der Kürbis erst nach Afrika und Europa. Der Urmensch konnte fast alles verwenden: die großen Blätter lieferten das Gemüse, die Früchte wurden roh oder gekocht verzehrt oder in getrockneten Streifen als Konserve verwahrt. Die Blüten wurden als Nachtisch geschätzt. Der Mais-Bohnen-Kürbis-Anbau deckte in der Ernährung die Grundbedürfnisse ab. Nach der Entdeckung Amerikas hat er sich im Laufe der Jahrhunderte dann über die gesamte Erde verbreitet. In Asien, hauptsächlich in China, war er schon vorher bekannt. In China wird der Kürbis auch "Kaiser des Gartens" genannt. Er gilt als Symbol für Fruchtbarkeit und Gesundheit.

Heute kennt man auf der ganzen Welt etwa 800 verschiedene Speise- und Zierkürbisse, mit zum Teil sehr unterschiedlichen Formen, Farben, Größen, Geschmacksrichtungen und entsprechend klangvollen Namen.

Kürbisarten

Die Familie der Kürbisgewächse, der Cucurbitaceae, umfasst etwa 90 Gattungen und 800 Arten. Ihre Heimat ist hauptsächlich in den subtropischen Ländern. Dazu gehören neben den Cucurbita, den eigentlichen Kürbissen, auch die folgenden Pflanzen:

Die Familie der Kürbisgewächse (Cucurbitaceae): Die wichtigsten Gattungen und Arten			
Gattung (über 100)	Cucumis	Lagenaria	Cucurbita
Art (über 800)	Gurke *Cucumis sativus*	Flaschenkürbisse *Lagenaria sicerana*	Gartenkürbis *Cucurbita pepo*
Gruppen			Zucchini, Rondini, Squash, Acorn, Spaghetti, Halloween, Ölkürbis
Art	Melone *Cucumis melo*		Riesenkürbis *Cucurbita maxima*
Gruppen			Blauer Ungarischer, Buttercup, Chioggia, Hubbards, Potimarron, Türkenturban, Zentner
Art	Kiwano		Moschuskürbis *Cucurbita moschata*
Gruppen			Buckskin, Butternut, Französischer Muskatkürbis, Futsu, Langer aus Nizza

Cucumis sativus (Gurken)
Ecballium elaterum, Koloquinthe,
  Lagenaria-siceraria (Flaschen-
  kürbis)
Luffa cylindrica (Luffagurke)
Cucumis melo (Melonen)

Chayote (Sechium edule)
Citrullus vulgaris (Wassermelonen)
Bryonia alba (Zaunrübe)

Cucurbita-Arten

- *Cucurbita andreana*
- *Cucurbita citrullus*
- *Cucurbita farinosa*
- *Cucurbita ficifolia*
- *Cucurbita foetidissima*
- *Cucurbita japonica*

Cucurbita maxima

Sorte	Farbe	Bewertung
Atlantic Giant	hellorange, sehr verwaschen	–
Big Max	orange bis orangerot	🎃🎃
Blaue Banane	blaugrau, teilweise braun genetzt	🎃🎃🎃
Blauer Ungarischer	blaugrau, glänzend	🎃🎃🎃
Blue Ballet	blaugrau, teilweise verwaschen	🎃🎃
Blue Hubbard	blaugrau, teilweise verwaschen	🎃🎃
Blue Kuri	blaugrau, leicht gepunktet oder marmoriert und mit grauen Streifen	🎃🎃🎃
Buttercup	dunkelgrün mit hellgrauen Streifen. Mit hellbraunen Wülsten um die graugrünen Rosetten oder Hüte	🎃🎃🎃🎃
Chioggia	Nuancen von dunkelgrün bis dunkelgrau, teilweise verwaschen	🎃🎃🎃
Delica	blaugrau, leicht verwaschen	🎃🎃🎃
Gelber Zentner	hellgelb bis gelb und hellgrüne Flecken, teilweise verwaschen, auch mit zarten hellen Streifen	🎃🎃
Gelber Zentner, genetzt	hellgelb bis gelb und hellgrüne Flecken, teilweise verwaschen, auch mit zarten hellen Streifen. Zusätzlich ganz oder teilweise mit einem hellbraunen, unterschiedlich, gezeichneten Netz überzogen	🎃🎃
Golden Delicious	orangerot mit blassen hellen Längsstreifen	🎃🎃
Golden Hubbard	dunkelorange, glänzend oder matt, mit hellen zarten Längsstreifen	🎃🎃
Green Delicious	dunkelgrün mit blassen hellen Längsstreifen	🎃🎃
Green Hubbard	dunkelgrün bis fast schwarz. Teilweise verwaschen, glänzend oder matt, mit hellen zarten Längsstreifen	🎃🎃
Grüner Hokkaido	dunkelgrün, mit regelmäßigen hellgrauen dünnen Längsstreifen	🎃🎃🎃
Lumina	weiß glänzend	🎃🎃🎃
Olive	olivgrün bis dunkelbraun, mit dünnen verwaschenen hellen Streifen	🎃🎃🎃
Peruanischer Kürbis	dunkelgrün glänzend	🎃🎃🎃
Rosa Riesenbanane	rosa bis hellbraun	🎃🎃
Roter Hokkaido	leuchtend dunkelorange bis orangerot, etwas glänzend	🎃🎃🎃
Roter Zentner	leuchtend intensives orangerot, oder verwaschen, teilweise mit gelben Stellen. Auch mit hellen Längsstreifen und hellbraunen Narben	🎃🎃🎃
Snow Delight	hellgrau bis stahlblau, leicht glänzend. Teilweise hellbraune Verwachsungen	🎃🎃🎃
Triamble	blaugrau bis schiefergrau, glänzend	🎃🎃🎃
Türkenturban	orange, rot, gelb, grün, grau, weiß, teilweise gestreift oder getupft, meist mit einem helleren Hut	🎃🎃
Warzenkürbis	rosa bis lachsfarbig mit braunen, erdnussartigen warzigen Auswüchsen bedeckt	🎃🎃🎃
Weißer Gartenkürbis	weiß glänzend	🎃🎃🎃

Kürbisarten

- *Cucurbita maxima*
- *Cucurbita mixta*
- *Cucurbita moschata*
- *Cucurbita odorifera*
- *Cucurbita sororia*
- *Cucurbita texana*
- *Cucurbita turbaniformis*

- *Cucurbita verrucosa*
- *Cucurbita pepo*

Varietäten des *Cucurbita pepo*

- *Cucurbita pepo brevicaules*

- *Cucurbita pepo giromontiina* (Zucchini)
- *Cucurbita pepo melopepo*
- *Cucurbita pepo patissonia*
- *Cucurbita pepo oleifera*

Cucurbita pepo

Sorte	Farbe	Bewertung
Aspen	orange bis orangerot	🎃
Autumn Queen	dunkelgrün glänzend, manchmal mit einem gelben Fleck	🎃🎃
Baby Bear	zuerst dunkelgrün/orange, später leuchtend orangerot	🎃
Baby Boo	cremeweiß	🎃
Bunter Squash	gelb, grün, weiß, gestreift, gepunktet, marmoriert. In den unterschiedlichsten gelbgrünen und grünweißen Farbnuancen	🎃🎃
Custard White	weiß	🎃
Delicata	cremeweiß mit unterschiedlichen grünen Längsstreifen	🎃
Evergreen	hellgrün mit gelb, etwas marmoriert und schwachen grünen Längsstreifen	🎃
Frosty	orange	🎃
Gelber Squash	dunkelgelb	🎃🎃
Goldapfel	dunkelgelb	🎃
Grüner Squash	dunkelgrün mit einem gelben Fleck	🎃🎃
Heart of Gold	cremegrün gestreift	🎃🎃
Howden	zuerst dunkelgrün/orange, dann orange bis orangerot	🎃
Jack be little	dunkelgelb bis orange	🎃🎃🎃
Jack O´Lantern	zuerst grünorange, dann orange	🎃
Jaspee de Vendee	mattes gelb mit kleinen winzigen hellbraunen Pünktchen. Die Schale ist dadurch etwas rauh	🎃
Panachee	creme. Mit unterschiedlichen grünen Streifen und Tupfen, teilweise auch gelbe Flecken	🎃🎃
Rolet	dunkelgrün, oft mit einem gelben Fleck	🎃🎃
Runder Nizzakürbis	grün, später gelb mit dunkelgrünen Streifen und hellen Punkten	🎃🎃
Spagettikürbis	meistens hellgelb oder creme. Teilweise gelb mit verwaschenen grünen Streifen oder gepunktet	🎃🎃
Steirischer Ölkürbis	goldgelb mit unregelmäßigen, dunkelgrünen Streifen	🎃
Sunburst	dunkelgelb mit einem dunkelgrünen Auge. Teilweise auch ohne grünes Auge oder mit unterschiedlichen dunkelgrünen Flecken	🎃🎃
Sweet Dumpling	Creme. Mit unterschiedlichen grünen Streifen. Teilweise auch mit einem hellgelben Fleck	🎃🎃🎃
Table Gold	goldgelb leuchtend	🎃🎃
Weißer Acorn	cremeweiß, etwas später hellgelb	🎃🎃
Winterhorn	dunkelgrün glänzend, teilweise mit einem gelben Fleck	🎃🎃
Winter Luxury	hellorange mit einer gleichmäßigen genetzten Schale	🎃🎃🎃

Cucurbita moschata

Sorte	Farbe	Bewertung
Buckskin	bronzefarbig bis sandbraun, bereift	🎃🎃🎃
Butternut	hellbraun bis sandfarben oder bronze. Teilweise am Stielansatz mit kurzen, zarten länglichen grünen Streifen	🎃
Futsu Black Rinded	dunkelgrün bis -braun, bereift	🎃🎃🎃
Langer aus Nizza	hellbraun mit hell- und dunkelgrünen unregelmäßigen verwaschenen Streifen	🎃🎃🎃
Muskatkürbis	dunkelgrün mit braunen Verfärbungen, bereift. Nach vollständiger Ausreifung ganzflächig terrakottafarbig	🎃🎃🎃🎃
Napolitaner Kürbis	grüngelb mit unterschiedlichen teilweise verwaschenen Streifen. Mit zunehmender Reife gelblich bis ockerfarben	🎃🎃🎃
Tancheese	mittelbraun bis sandbraun	🎃🎃🎃
Trombolino	hellbraun bis sandbraun	🎃🎃🎃
Zuckerkürbis aus dem Berry	sandbraun mit hellgrün	🎃🎃🎃

Acornsorten

Sorte	Farbe	Bewertung
Autumn Queen	dunkelgrün glänzend, manchmal mit einem gelben Fleck	🎃🎃
Heart of Gold	cremegrün gestreift	🎃🎃
Sweet Dumpling	creme. Mit unterschiedlichen grünen Streifen. Teilweise auch mit einem gelben Fleck	🎃🎃🎃
Table Gold	goldgelb leuchtend	🎃🎃
Weißer Acorn	cremeweiß, etwas später hellgelb	🎃🎃
Winterhorn	dunkelgrün glänzend	🎃🎃

Hokkaidosorten

Sorte	Farbe	Bewertung
Blue Kuri	blaugrau, leicht gepunktet oder marmoriert und mit grauen Streifen	🎃🎃🎃
Buttercup	dunkelgrün mit hellgrauen Streifen. Mit hellbraunen Wülsten um die graugrünen Rosetten oder Hüte	🎃🎃🎃🎃
Delica	blaugrau, leicht verwaschen	🎃🎃🎃
Grüner Hokkaido	dunkelgrün, mit regelmäßigen hellgrauen dünnen Längsstreifen	🎃🎃🎃
Roter Hokkaido	leuchtend dunkelorange bis orangerot, etwas glänzend	🎃🎃🎃
Snow Delight	hellgrau bis stahlblau, leicht glänzend. Teilweise mit hellbraunen Verwachsungen	🎃🎃🎃

Cucurbita mixta

Sorte	Farbe	Bewertung
Cushaw	weiß mit unregelmäßigen grünen Streifen. Teilweise oben am Hals auch gelbe dünne Streifen	🎃
Pepita	weiß mit unregelmäßigen grünen Streifen	🎃

Cucurbita ficifolia

Sorte	Farbe	Bewertung
Siamkürbis	hellgrün, grün und cremefarben marmoriert	🎃

Cyclanthera pedata

Sorte	Farbe	Bewertung
Hörnchenkürbis	grün	🎃🎃

Vorzucht und Aussaat

Hubbardsorten		
Sorte	**Farbe**	**Bewertung**
Blue Ballet	blaugrau, teilweise verwaschen	🎃🎃
Blue Hubbard	blaugrau, teilweise verwaschen	🎃🎃
Golden Delicious	orangerot, mit blassen hellen Längsstreifen	🎃🎃
Golden Hubbard	dunkelorange, teilweise verwaschen, glänzend oder matt, mit hellen zarten Längsstreifen	🎃🎃
Green Delicious	dunkelgrün mit blassen hellen Längsstreifen	🎃🎃
Green Hubbard	dunkelgrün bis fast schwarz. Teilweise verwaschen, glänzend oder matt, mit hellen zarten Längsstreifen	🎃🎃

Squashsorten		
Sorte	**Farbe**	**Bewertung**
Bunter Squash	gelb, grün, weiß gestreift, gepunktet, marmoriert. In den unterschiedlichsten gelbgrünen und grünweißen Farbnuancen	🎃🎃
Custard White	weiß	🎃🎃
Gelber Squash	dunkelgelb	🎃🎃
Grüner Squash	dunkelgrün, teilweise mit einem gelben Fleck	🎃🎃
Panachee	creme. Mit unterschiedlichen grünen Streifen und Tupfen, teilweise auch mit gelben Flecken	🎃🎃
Sunburst	dunkelgelb mit einem dunkelgrünen Auge. Teilweise auch ohne grünes Auge oder unterschiedliche dunkelgrüne Flecken	🎃🎃

- *Cucurbita styriaca* (Steirischer Ölkürbis)
- *Cucurbita pepo rondini*
- *Cucurbita pepo torticollis*

Die Unterscheidung der Kürbisarten lässt sich an den Fruchtstielen und Fruchtstielansätzen bestimmen. Bei der Beschreibung der einzelnen Kürbisse wird darauf eingegangen.

Vorzucht und Aussaat

Vorzucht

Da sich die nachfolgenden Beschreibungen auf ein Weinbauklima beziehen (siehe hierzu die Wetterdaten von Heidelberg) ist es ratsam, in klimatisch ungünstigen Lagen die Kürbispflanzen zwei bis vier Wochen vorher in Töpfen vorzuziehen, um einen Zeitvorsprung zu erreichen.

Für die Vorzucht verwendet man kleine Töpfe mit Einheits- oder Vorzuchterde, eventuell mit Gartenerde vermischt. Bequemer geht es mit Torfquelltöpfen. Sie haben allerdings einen Nachteil: Wenn die Wurzeln außen sichtbar sind, müssen die Pflanzen gleich in den Garten oder ins Feld gepflanzt werden – oder in größere Töpfe pikiert,

Vorzucht der Samen in einer Pflanzschale mit Einheitserde.

Vorzucht der Samen in Töpfen mit Einheitserde.

wenn der Boden zu kalt und das Wetter noch nicht optimal ist. Ein guter Standplatz für die Vorzucht ist ein sonniges Fensterbrett in einem geheizten Raum oder ein warmes Treibhaus. Die Erde darf nicht austrocknen und auch nicht zu feucht sein, sonst faulen die Kerne. In den letzten Jahren ist es auch möglich, viele bekannte Kürbissorten fertig in Töpfen vorgezogen bei guten Gartencentern oder in speziellen Samenanzuchtfirmen zu kaufen. Bei der Aussaat die Töpfe unbedingt mit den jeweiligen Kürbissorten beschriften. Kurze Zeit später weiß man nicht mehr, welcher Kürbis gekeimt hat und welcher nicht. Wenn die Kürbispflanzen zwei bis drei Blätter entwickelt haben, müssen sie abgehärtet werden, in dem man sie zeitweise nach draußen stellt und nachts bei Frostgefahr wieder in geschützte Räume holt.

Direktsaat

Der Kürbis verlangt keine besonderen Bodenansprüche. Jedoch sollten die Böden auf keinen Fall zu nass sein. Optimal wäre ein lockerer, gut erwärmbarer, humushaltiger, leichter bis mittelschwerer Boden.

Der beste Aussaat- oder Pflanzzeitraum ist Mitte Mai nach den Eisheiligen oder etwas früher, wenn abzusehen ist, dass es warm bleibt und keine Nachtfröste mehr zu erwarten sind. Besser ein bis zwei Wochen später als in eine kalte Erde aussäen. Unter 10° C Bodenwärme keimt der Kürbis auf keinen Fall. Die minimale Keimtemperatur wäre 10 bis 15° C, ideal sind 20° C oder mehr. In klimatisch sehr guten Lagen können die meisten Sorten gut bis Mitte/Ende Juni ausgesäet werden. Die Vegetation der Pflanzen reicht noch aus, dass die Früchte reif werden. Allerdings sollte man beachten, dass sie dann nicht so üppig fruchten, nicht so groß werden und der angegebene Erntezeitraum sich dann weit in den Oktober verschiebt.

Um in klimatisch nicht so günstigen Lagen eine gute Kürbisernte zu erreichen, ist es ratsam, die Kürbisse auf schwarzer Mulchfolie zu ziehen und sie zusätzlich mit Vlies oder Lochfolie abzudecken. Wenn allerdings an warmen Tagen die Pflanzen zu blühen beginnen, unbedingt das Vlies oder die Lochfolie abnehmen, damit eine Bestäubung durch Bienen oder Hummeln erfolgen kann.

Der Reihenabstand beträgt je nach Kürbissorte 1,5 bis 2,5 m und in der Reihe 0,5 bis 1,5 m. Für buschig wachsende ein Abstand von 0,5 m und in der Reihe ebenfalls von 0,5 m. Für buschige und kürzer rankende 1 bis 1,5 m und in der Reihe 0,5 bis 1 m. Für sehr stark rankende etwa 2,5 m und in der Reihe 1,5 m. In den vorbereiteten Boden werden dann 1 bis 3 Kerne gelegt. Sie können bei Bedarf vereinzelt werden.

Eine Saattiefe von 1 bis 3 cm, wie bei Gurken oder Zucchini, ist zu empfehlen. Vor-

Links: In diesem Stadium werden die Pflanzen ausgepflanzt.

Rechts: Ausgepflanzte Kürbisreihe.

Kürbisfeld im Juni/Juli.

sicht: Keimende Kürbisse sind eine Delikatesse für Schnecken, Drahtwürmer und Raupen. Auch ist zu beachten, dass gleiche Sorten wie stark rankende, mäßig wachsende oder buschig bleibende Pflanzen möglichst zusammen gepflanzt werden. Sonst kann es passieren, dass die buschig wachsenden von stark rankenden überwuchert werden. Ebenfalls sollten Speise- und Zierkürbisse nicht zusammen kultiviert werden, da die extrem kleinen dekorativen Speisekürbisse kaum noch von den Zierkürbissen zu unterscheiden sind. Am Ende weiß man nicht mehr, welcher Kürbis zu welchem Samen gehört, da die Ranken sich aus dem Staub machen! Es ist auch ratsam, die Sorten zu markieren, da dann später nicht gekeimte Kerne leicht nachgesät werden können. Der Aufgang erfolgt je nach Temperatur und Sorte in 6 bis 15 Tagen nach der Saat. Danach kann man gut die lückenhafte Bestände nachsäen.

Pflege

Wenn der Aufgang der Kürbisse zufriedenstellend ist und bevor sie zu ranken begin-

Kürbisblüte mit Bienen.

nen, müssen sie von Hand oder durch Hackgeräte unkrautfrei gehalten werden. Später ist dies kaum noch möglich, ohne die Ranken zu verletzen. Bis zur Ernte sind dann keine weiteren Pflegearbeiten mehr zu leisten. Vorsicht: Kürbisse sind Flachwurzler; daher nicht zu tief hacken, sonst verletzt man die Wurzeln. Außerdem soll eine geringe Kopfdüngung vor dem Auslaufen der Ranken erfolgen. Die Pflanze stellt relativ geringe Nährstoffansprüche. Durch übermäßige Stickstoffdüngung erreicht man in den meisten Fällen nur überlange Ranken mit einer geringeren Fruchtbildung (siehe hierzu die Düngeempfehlung). Längere Trockenperioden verträgt der Kürbis sehr gut (dürreresistent). Eine Beregnung ist von Vorteil, weil dann der Kürbis im Wachstum und in der Fruchtbildung nicht gebremst wird. Wichtig ist eine gute Wasserversorgung im Juni und Juli, da in diesen Monaten der größte Wachstumsschub und eine hohe Blühintensität stattfindet. Bei günstigen Bedingungen über 25 °C und genügend Wasser explodiert er regelrecht und man sieht ihn täglich ein Stück wachsen. Ist es in diesem Zeitraum zu trocken, zu kalt oder auch zu nass, bleibt das Wachstum stehen und die Blüten sowie bereits vorhandene Kürbisse können abgeworfen werden. Fällt die Temperatur unter 15 °C kommt es zum Wachstumsstillstand und zu -depressionen. Ebenfalls werden bei niedrigen Temperaturen keine Blüten gebildet. Vorsicht: Bei feuchtem und sehr nassem Wetter können die Bestände durch Schnecken vermindert werden, besonders im jungen Stadium ist das eine ständige Gefahr. Ebenso können im Herbst die Früchte stark durch Schnecken- oder auch Mäusefraß beschädigt werden. Die Ranken können bei fehlendem Platz zurückgeschnitten oder ins Beet oder Feld zurückgeworfen werden, wenn sie zu weit herausranken.

Düngung

Nährstoffbedarf pro ha = 10000 m^2
40-80 kg Reinstickstoff
50-100 kg P_2O_5
100-160 kg K_2O
Die Böden sollten folgenden Nährstoffgehalt aufweisen:
P_2O_5 10-25 mg
K_2O 10-30 mg
Mg   5-15 mg
Daraus ergibt sich folgende Empfehlung: 300-400 kg pro ha eines Blauvolldüngers je zur Hälfte vor dem Aussäen und die zweite vor dem Auslaufen der Ranken.

Oder alternativ eine Gabe von Stallmist/Kompost mit 150 – 200 dz pro ha (1,5 – 2,0 dz pro ar) am besten im Herbst bzw. im zeitigen Frühjahr.

Um zusätzlich den Nährstoffbedarf sowie die Bodengare und -feuchtigkeit zu verbessern, ist die Abdeckung des offenen Bodens Anfang Juni durch Pferdemist/Stroh zu empfehlen. Die Kürbispflanzen sollten sich dabei mindestens im vierten Blattstadium befinden.

Ernte

Die Aufmerksamkeit gilt im Spätsommer und Herbst nicht nur den Äpfeln, Birnen, Nüssen und Zwetschen, sondern ganz besonders auch den Kürbissen. Die Ernte beginnt ungefähr Anfang August mit den Squash-Arten und setzt sich Mitte bis Ende August mit den Hokkaido-Typen fort, kann sich aber mit dem Triambel- oder Siamkürbis bis Mitte Oktober hinziehen. Sie dauert etwa 2,5 Monate und endet spätestens vor

Erntezeiträume

Sorte	Erntezeitraum	Sorte	Erntezeitraum
	Anfang August bis:	Buttercup	Anfang Oktober
Custard White	Ende September	Butternut	Anfang Oktober
	Mitte August bis:	Cushaw	Anfang Oktober
Bunter Squash	Ende September	Delica	Anfang Oktober
Gelber Squash	Ende September	Delicata	Ende September
Grüner Squash	Ende September	Evergreen	Anfang Oktober
Hörnchenkürbis	zum ersten Frost	Frosty	Anfang Oktober
Jaspee de Vendee	Ende September	Futsu Black Rinded	Anfang Oktober
Panachee	Ende September	Golden Delicious	Anfang Oktober
Roter Hokkaido	Ende September	Green Delicious	Anfang Oktober
Sunburst	Ende September	Heart of Gold	Ende September
	Ende August bis:	Howden	Anfang Oktober
Jack be little	Anfang Oktober	Jack O'Lantern	Anfang Oktober
Runder Nizzakürbis	Ende September	Langer aus Nizza	Anfang Oktober
Snow Delight	Ende September	Lumina	Mitte Oktober
Türkenturban	Mitte Oktober	Muskatkürbis	Mitte Oktober
	Anfang September bis:	North Georgia	Anfang Oktober
Baby Bear	Ende September	Pepita	Anfang Oktober
Baby Boo	Anfang Oktober	Peruanischer Kürbis	Anfang Oktober
Blue Kuri	Ende September	Rosa Riesenbanane	Anfang Oktober
Gelber Zentner	Anfang Oktober	Sweet Dumpling	Anfang Oktober
Gelber Zentner, genetzt	Anfang Oktober	Table Gold	Ende September
		Tancheese	Anfang Oktober
Goldapfel	Ende September	Tondo Pandana	Anfang Oktober
Golden Hubbard	Anfang Oktober	Warzenkürbis	Anfang Oktober
Green Hubbard	Anfang Oktober	Weißer Acorn	Ende September
Grüner Hokkaido	Ende September	Weißer Gartenkürbis	Anfang Oktober
Rolet	Anfang Oktober	Winterhorn	Ende September
Roter Zentner	Anfang Oktober	Winter Luxury	Ende September
Spagettikürbis	Anfang Oktober	Zuckerkürbis aus dem Berry	Ende September
Trombolino	Anfang Oktober		
	Mitte September bis:		**Ende September bis:**
Aspen	Anfang Oktober	Atlantic Giant	Anfang Oktober
Autumn Queen	Ende September	Chioggia	Anfang Oktober
Big Max	Anfang Oktober	Napolitaner Kürbis	Mitte Oktober
Blaue Banane	Anfang Oktober	Siamkürbis	Mitte Oktober
Blauer Ungarischer	Mitte Oktober	Steirischer Ölkürbis	besser im Oktober
Blue Ballet	Anfang Oktober		**Anfang Oktober bis:**
Blue Hubbard	Anfang Oktober	Olive	Mitte Oktober
Buckskin	Ende September		**Mitte Oktober bis:**
		Triamble	zum ersten Frost

Die aromatischsten Speisekürbisse

Sorte	Farbe	Fruchtfleisch	Geschmack	Bewertung
Baby Boo	cremeweiß	cremeweiß, mittelfest bis fest. Der Kürbis muss nicht geschält werden	feines Esskastanienaroma	🎃🎃🎃
Blaue Banane	blaugrau, teilweise braun benetzt	dunkelorange, mittelfest	sehr feines Aroma	🎃🎃🎃
Blauer Ungarischer	blaugrau, glänzend	dunkelorange, mittelfest bis fest	sehr gutes Aroma	🎃🎃🎃
Blue Kuri	blaugrau, leicht gepunktet oder marmoriert und mit grauen Streifen	orange, mittelfest bis fest. Der Kürbis muss nicht geschält werden	sehr gutes Aroma, schwacher Muskatgeschmack	🎃🎃🎃
Buckskin	bronzefarbig bis sandbraun, bereift	leuchtend dunkelorange, samtig, weich	sehr feines delikates Muskataroma	🎃🎃🎃🎃
Buttercup	dunkelgrün mit hellgrauen Streifen. Mit hellbraunen Wülsten um die graugrünen Rosetten oder Hüte	orange, cremig, buttrig, mittelfest. Der Kürbis muss nicht geschält werden	zartes Muskataroma	🎃🎃🎃
Butternut	hellbraun bis sandfarben oder bronze. Teilweise am Stielansatz mit kurzen zarten länglichen grünen Streifen	dunkelgelb, mittelfest bis fest.	feines Aroma mit einer leicht nussigen Note	🎃🎃🎃
Chioggia	Nuancen von dunkelgrün bis dunkelgrau, teilweise verwaschen	orange, fest bis sehr fest	sehr gutes Aroma	🎃🎃🎃
Delica	blaugrau, leicht verwaschen	orange, mittelfest. Der Kürbis muss nicht geschält werden	sehr gutes Aroma mit einem leichten Muskatgeschmack	🎃🎃🎃
Delicata	Cremeweiß mit unterschiedlichen grünen Längsstreifen	cremeweiß, mittelfest. Der Kürbis muss nicht geschält werden	feines Esskastanienaroma	🎃🎃🎃
Futsu Black Rinded	dunkelgrün bis -braun, bereift	orange bis braun, mittelfest. Die Schale kann mitverwendet werden	feines Muskataroma	🎃🎃🎃
Grüner Hokkaido	dunkelgrün mit regelmäßigen hellgrauen dünnen Längsstreifen	dunkelorange, mittelfest. Der Kürbis muss nicht geschält werden	sehr gutes Aroma mit einem leichten Muskatgeschmack	🎃🎃🎃
Jack be little	dunkelgelb bis orange	hellgelb mittelfest. Der Kürbis muss nicht geschält werden	feines Esskastanienaroma	🎃🎃🎃
Langer aus Nizza	hellbraun, mit hell- und dunkelgrünen unregelmäßigen verwaschenen Streifen	dunkelgelb bis orange, mittelfest	feines Aroma mit einer leicht nussigen Note	🎃🎃🎃
Lumina	weiß glänzend	dunkelgelb bis orange, mittelfest bis fest	sehr gutes Aroma	🎃🎃🎃
Muskatkürbis	dunkelgrün mit braunen Verfärbungen, bereift	leuchtend dunkelorange, samtig, weich	sehr feines delikates Muskataroma	🎃🎃🎃🎃

Die aromatischsten Speisekürbisse (Fortsetzung)				
Sorte	Farbe	Fruchtfleisch	Geschmack	Bewertung
Napolitaner Kürbis	grüngelb mit unterschiedlichen teilweise verwaschenen Streifen	dunkelgelb bis orange, mittelfest	feines Aroma mit einem Muskatgeschmack	🎃🎃🎃
Olive	olivgrün bis dunkelbraun, mit dünnen verwaschenen hellen Streifen	dunkelgelb bis orange, mittelfest	sehr feines Aroma mit einem leichten Muskatgeschmack	🎃🎃🎃
Peruanischer Kürbis	dunkelgrün glänzend hellorange,	mittelfest	sehr gutes Aroma	🎃🎃🎃
Roter Hokkaido	leuchtend dunkelorange bis orangerot, etwas glänzend	dunkelorange, mittelfest. Der Kürbis muss nicht geschält werden	sehr gutes Aroma mit einem leichten Muskatgeschmack	🎃🎃🎃
Roter Zentner	leuchtend intensives orangerot, oder verwaschen, teilweise mit gelben Stellen. Auch mit hellen Längsstreifen und hellbraunen Narben	orangegelb, mittelfest	gutes Aroma mit einem schwachen Muskatgeschmack	🎃🎃🎃
Snow Delight	hellgrau bis stahlblau, leicht glänzend. Teilweise mit hellbraunen Verwachsungen	dunkelorange, mittelfest	gutes Aroma mit einem schwachen Muskatgeschmack	🎃🎃🎃
Sweet Dumpling	creme. Mit unterschiedlichen grünen Streifen. Teilweise auch mit einem hellgelben Fleck	cremeweiß, feinfasrig, wird mit der Schale verkostet, mittelfest	feines Esskastanienaroma	🎃🎃🎃
Tancheese	mittelbraun bis sandbraun	orange, zart schmelzend, mittelfest	sehr feines delikates Muskataroma	🎃🎃🎃🎃
Triamble	blaugrau bis schiefergrau, glänzend	dunkelgelb bis orange, sehr fest	feines Aroma	🎃🎃🎃
Trombolino	hellbraun bis sandbraun	gelb bis dunkelgelb, mittelfest	feines Aroma mit einer nussigen Note	🎃🎃🎃
Warzenkürbis	rosa bis lachsfarbig mit braunen warzigen Auswüchsen, teilweise wie mit Erdnüssen bedeckt	orange, mittelfest	delikates Aroma	🎃🎃🎃
Weißer Gartenkürbis	weiß glänzend	dunkelorange, mittelfest	sehr gutes Aroma	🎃🎃🎃
Winter Luxury	hellorange mit einer gleichmäßigen genetzten Schale	gelborange, mittelfest	gutes Aroma	🎃🎃🎃
Zuckerkürbis aus dem Berry	sandbraun mit hellgrün	braun bis orange, mittelfest	feines Aroma mit einer nussigen Note	🎃🎃🎃

„Erst dekorieren – dann verkosten".

der ersten Frostnacht.

Ganz wichtig ist es zu wissen, wann der Kürbis wirklich reif ist, da ein Nachreifen nur bei wenigen Sorten wie beispielsweise 'Muskatkürbis', 'Langer aus Nizza' oder 'Olive' möglich ist. Unreife Früchte schmecken nicht, da das Aroma noch nicht ausgebildet ist, können schneller faulen und werden welk, da die Schale nicht fest und dick genug ist. Sie sollten daher immer nur die reifen Früchte ernten und die anderen besser noch etwas liegen lassen. Haben Sie also etwas Geduld. Die Kürbisse nehmen kurz vor dem optimalen Reifezustand stark an Gewicht, Größe und Farbintensität zu. Ausnahmen bilden lediglich die Squash-Kürbisse. Sie werden für die Verwendung in der Küche unreif oder für ausgefallene Dekorationen vollreif geerntet (siehe hierzu die ausführlichen Sortenbeschreibungen).

Der Stiel sollte so lang wie möglich am Kürbis belassen werden, weil dieser dann von oben her langsam eintrocknet und der Kürbis dadurch besser lagerfähig ist. Bricht ein Stiel direkt am Kürbis ab, dann kann dort die Fäulnis schon einsetzen, besonders wenn es kalt und feucht ist. Durch Wärme oder Sonneneinstrahlung kann so eine Wunde auch eintrocknen und der Kürbis über einen kürzeren Zeitraum gelagert werden.

Am besten wird er mit einer scharfen Reb- oder Baumschere abgeschnitten. Ein Messer ist zum Ernten dagegen ungünstig, da die Ranken und die übrigen, noch nicht erntereifen Kürbisse, dadurch leicht verletzt werden können, dann nicht mehr versorgt werden und faulen. Denn alle Kürbisse fruchten weiter, da sich an der Pflanze immer reife und unreife Früchte befinden, bis diese abstirbt.

Im August und September empfehle ich, nur die reifen Exemplare zu ernten, die gerade benötigt werden. Ab Oktober muss man je nach Wetter abwägen, ob man schon für eine Lagerung erntet oder, wenn das Wetter noch schön und warm ist, die Kürbisse noch auf dem Feld belässt. Zur Lagerung nur optimale Früchte ernten, unverletzt, ohne Druckstellen und mit Stiel. Leicht verletzte extra und nur kurz lagern, am besten gleich verwerten oder auf dem Feld belassen.

Es sei nochmals betont: man muss die Kürbisse sehr vorsichtig und sorgfältig ernten, damit keine Druckstellen und Verletzungen entstehen. Auf keinen Fall werfen, am besten mit beiden Händen anfassen. Besonders die großen Kürbisse nicht am Stiel transportieren, da er durch das Eigengewicht ganz oder teilweise abbricht oder nicht mit dem Auge erkennbare Beschädigungen auftreten, die dann die Frucht um den Stiel schneller faulen lassen. Ganz besonders empfindlich ist 'Buckskin', er bekommt manchmal schon beim Anfassen Druckstellen.

Geerntet werden sollte möglichst bei trockenem Wetter, da bei nassem die Kürbisschale weicher ist und besonders bei Stielen mit weichen Korkzellen viel Feuchtigkeit eingelagert ist, die dann verdunsten muss und dadurch bei der Lagerung eine zu hohe Luftfeuchtigkeit entsteht. Kürbisse müssen

Verwendung

Sorte	Suppen	Gemüse	zum Anbraten	Back-ofen	zum Füllen	Pies	Gratins	Chut-neys	süß-sauer eingelegt	Kuchen	Desserts	Konfi-türe	Bewer-tung
Aspen	+	−	−	−	−	−	−	−	−	−	−	+	1
Atlantic Giant	−	−	−	−	−	−	−	−	−	−	−	−	−
Autumn Queen	−	−	+	−	+	+	−	−	−	−	−	−	3
Baby Bear	+	−	−	+	−	+	+	−	−	−	−	+	3
Baby Boo	−	−	+	−	+	−	−	−	−	−	−	−	3
Big Max	+	−	−	+	−	+	−	−	−	+	−	+	4
Blaue Banane	+	+	+	+	−	+	+	+	+	+	−	+	4
Blauer Ungarischer	+	+	+	+	−	+	+	+	+	+	−	+	5
Blue Ballet	+	+	−	+	−	+	+	+	+	+	−	+	4
Blue Hubbard	+	+	+	+	−	−	+	+	+	+	−	+	4
Blue Kuri	+	+	−	+	−	+	+	−	−	+	−	+	5
Buckskin	+	+	−	−	−	−	−	−	−	−	+	+	2
Bunter Squash	−	−	+	+	−	+	+	−	−	+	−	−	4
Buttercup	+	+	−	+	−	+	+	+	−	+	+	+	5
Butternut	+	+	+	+	+	+	+	+	−	−	+	+	5
Chioggia	+	+	−	−	−	+	−	−	−	+	−	−	2
Cushaw	+	−	−	−	−	−	+	−	−	−	−	+	1
Custard White	−	−	+	+	+	+	+	−	−	−	−	+	3
Delica	+	+	+	−	−	+	+	−	−	+	+	+	4
Delicata	−	−	+	+	+	−	+	−	−	−	−	−	2
Evergreen	−	−	+	−	−	+	+	+	+	+	+	+	4
Frosty	+	−	−	−	−	−	+	−	−	−	−	−	1
Futsu Black Rinded	+	+	−	+	+	+	+	−	−	+	−	+	3
Gelber Squash	−	−	+	+	−	−	+	+	+	−	+	−	3
Gelber Zentner	+	+	+	+	−	+	+	−	+	+	−	+	3
Gelber Zentner, genetzt	+	+	+	+	+	+	+	+	+	+	−	+	3
Goldapfel	−	−	−	−	+	+	+	−	−	−	−	−	1
Golden Delicious	+	+	+	+	−	+	+	+	−	+	−	+	3
Golden Hubbard	+	+	+	+	−	+	+	+	+	+	−	+	3
Green Delicious	+	+	+	+	−	+	+	+	+	+	−	+	3

Verwendung (Fortsetzung)

Sorte	Suppen	Gemüse	zum Anbraten	Backofen	zum Füllen	Pies	Gratins	Chutneys	süß-sauer eingelegt	Kuchen	Desserts	Konfitüre	Bewertung
Green Hubbard	+	+	+	+	–	+	+	+	+	+	–	+	●●●
Grüner Squash	–	–	+	+	–	+	+	–	+	–	–	–	●●●
Heart of Gold	+	+	+	+	–	+	+	+	+	–	–	–	●●●
Hörnchenkürbis	–	–	–	–	–	–	–	–	+	–	–	–	●
Howden	+	–	+	+	+	–	–	–	–	–	–	+	●●●
Jack be little	–	–	+	+	+	–	–	+	–	–	–	–	●●●
Jack O'Lantern	+	–	–	–	–	–	–	+	–	+	+	+	●●●●●
Jaspee de Vendee	+	–	+	+	–	–	–	+	–	+	–	+	●●●●●
Langer aus Nizza	+	+	+	+	–	+	+	+	–	+	–	+	●●●●
Lumina	+	+	+	+	–	+	+	+	–	+	–	+	●●●
Muskatkürbis	+	+	+	–	–	+	–	–	–	–	–	+	●●●●●
Napolitaner Kürbis	+	+	–	+	–	–	–	–	–	–	+	+	●●●●●
North Georgia	+	+	+	+	–	+	+	+	–	+	–	+	●●●●●
Olive	+	+	+	+	–	+	+	+	–	+	–	+	●●●●
Panachee	–	–	+	+	–	–	+	–	–	–	–	–	●●●●
Pepita	+	–	–	–	–	+	+	–	–	+	–	+	●●●●
Peruanischer Kürbis	+	+	+	+	–	+	+	+	–	+	–	+	●●●
Rolet	–	–	+	+	–	+	+	+	+	–	–	–	●●●●
Rosa Riesenbanane	+	+	+	+	–	+	+	+	–	+	–	+	●●●●●
Roter Hokkaido	+	+	–	–	–	+	+	+	–	–	–	+	●●●
Roter Zentner	+	+	+	+	–	+	+	+	–	+	–	+	●●●
Runder Nizzakürbis	–	–	+	+	+	+	+	+	–	+	+	+	●●●●●
Siamkürbis	–	–	–	+	–	+	+	+	–	–	–	+	●●●●
Snow Delight	+	+	–	+	–	+	+	+	–	+	–	+	●●●●●
Spagettikürbis	–	–	–	+	–	–	–	–	–	–	–	–	●●
Steirischer Ölkürbis	+	–	–	–	–	–	+	–	–	–	–	+	●●●●
Sunburst	–	–	+	+	–	+	+	+	–	+	–	–	●●●●●
Sweet Dumpling	–	–	+	+	+	+	+	–	–	+	–	–	●●●●●
Table Gold	–	–	+	+	+	+	+	–	–	–	–	–	●●

Lagerung

Sorte	Verwendung (Fortsetzung)												
	Suppen	Gemüse	zum Anbraten	Back-ofen	zum Füllen	Pies	Gratins	Chut-neys	süß-sauer eingelegt	Kuchen	Desserts	Konfi-türe	Bewer-tung
Tancheese	+	+	–	–	–	–	–	–	–	–	–	+	🎃🎃🎃◯◯
Tonda Pandana	–	–	+	–	–	+	+	+	–	+	–	+	🎃🎃🎃🎃◯
Triamble	+	+	+	+	–	+	+	+	–	+	–	+	🎃🎃🎃◯◯
Trombolino	+	+	+	+	–	+	+	+	–	+	–	+	🎃🎃🎃🎃◯
Türkenturban	+	+	+	+	+	+	+	+	+	+	–	+	🎃🎃🎃🎃◯
Warzenkürbis	+	–	–	+	+	+	+	–	–	–	–	–	🎃🎃🎃◯◯
Weißer Acorn	–	+	+	+	–	+	+	+	–	+	+	+	🎃🎃🎃◯◯
Weißer Gartenkürbis	–	–	–	+	+	+	+	+	–	–	–	–	🎃🎃🎃◯◯
Winterhorn	+	+	+	+	–	+	+	+	–	+	+	+	🎃🎃🎃🎃◯
Winter Luxury	+	+	+	+	–	+	+	+	–	+	–	+	🎃🎃🎃◯◯
Zuckerkürbis aus dem Berry													

+ = geeignet, – = nicht geeignet

trocken gelagert werden.

Wenn die Gelegenheit besteht, legen Sie die Früchte noch so lange wie möglich in die Sonne an einen geschützten Platz, z.B. an der Hauswand oder unter einem offenen Dach. Dadurch wird die Schale fester und robuster und die Farbe intensiver. Das ist vor allem bei den Kürbissen wichtig, die Sie zum Dekorieren und Lagern verwenden möchten. Nach jedem Sonnentag erkennen Sie an Ihrem Kürbis eine bessere Ausfärbung.

Die letzten Exemplare sind unbedingt vor den ersten Nachtfrösten zu ernten, weil Kürbisse sehr frostempfindlich sind. Alle Kürbisse müssen für den Verkauf oder zum Dekorieren gewaschen werden. Man sollte dies aber erst kurz vorher tun, da die Stiele und die Schale dabei wieder Feuchtigkeit aufnehmen, weicher werden und die Fäulnisgefahr dadurch erhöht wird.

Lagerung

Kürbisse, die für den Wintervorrat gelagert werden sollen, müssen unverletzt, mit Stiel und reif sein. Kürbisse mit Fehler eignen sich nicht zum Lagern! Früchte mit kleinen Fehlern sollten gleich auf dem Feld belassen werden. Notfalls separat lagern, für den alsbaldigen Verbrauch.

Für große Mengen eignet sich am besten ein Wärmeraum. Die Luftfeuchtigkeit sollte sehr gering und die Temperatur mindestens 10 bis 15 °C betragen. Eine höhere ist immer besser. Bei zu niedriger Temperatur faulen sie in sehr kurzer Zeit. Sie bekommen zunächst kleine schwarze Flecken, die sich schnell ausbreiten. Faulige Kürbisse verbreiten je nach Sorte einen sehr unangenehmen Geruch und zerfallen meist in eine breiige Substanz.

Bei kleinen Kürbismengen empfiehlt es sich, sie zu Dekorationszwecken in der Wohnung zu lagern. Gut geeignet ist eine Steinfußbodenheizung. Auf diese Weise hat man eine schöne Herbst- und Winterdekoration und kann nacheinander immer wieder einen nach Lust und Laune verkosten. Sie sind bis dahin in einem optimalen Zustand gelagert (siehe hierzu die Dekobeispiele im Haus und in der Woh-

Oben: Squash-Vielfalt.

Rechte Seite:
„Erst dekorieren –
dann verkosten".

Kürbis-Apfel-Suppe.

nung). Natürlich sollten die gelagerten Kürbisse im Haus oder im Wärmeraum immer wieder, mindestens alle 3 bis 4 Wochen, kontrolliert werden. Dass einer fault, verschimmelt oder matschig wird kann immer mal vorkommen. Kürbisse sind Naturprodukte, die verderben können.

Die Moschuskürbisse wie 'Futsu Black Rinded', 'Muskatkürbis', 'Napolitaner', 'Tancheese', 'Zuckerkürbis aus dem Berry' und die Maximakürbisse 'Blaue Banane', und 'Olive' reifen in einem sehr warmen Lager nach. Sie werden noch aromatischer und die grüne Farbe verwandelt sich von bronze bis braun.

Die Lagerzeit der einzelnen Sorten bezieht sich auf eine optimale Lagerung bei einem gut ausgereiften, unverletzten Kürbis. Die Haltbarkeit ist bis zu der angegebenen Lagerzeit fast ohne Ausfälle zu verstehen. Danach kann es in den aufgeführten Zeiträumen teilweise zu großen Lagerverlusten kommen. Diese Angaben differieren von Jahr zu Jahr, da jede Sorte anders auf das Sommer- und Herbstwetter reagiert.

Bei einer langen warmen Lagerung kann es vorkommen, dass sich beim Zerlegen eines Kürbisses ein ganzes Geflecht von Schnüren in unterschiedlichen Längen im Kernhaus befindet. Bei diesen Schnüren handelt es sich um bereits gekeimte Samen, die sich im Innern des Kürbisses breit machen. Diese gekeimten Samen können nicht für die Nachzucht verwendet werden, da sie weich und brüchig sind.

Und noch eine Anregung: Die Bauern der Poebene lagerten ihre Kürbisse unter dem Bett oder auf dem Schrank!

Verwendung und Gesundheit

Kürbisse zählen zu den vielfältigsten Gemüsearten. Es gibt kein anderes Gemüse, das man so vielfältig verwenden kann, beispielsweise zu Suppen, Gemüse, zum Anbraten, im Backofen garen, zum Füllen, für Pies, Gratins, Chutney, süßsauer eingelegt, Kuchen, Desserts und Konfitüre. Die Blüten, am besten erntet man die männlichen, werden fritiert oder gefüllt verwendet, wie bei den Zucchinis. Die Kerne vom Ölkürbis, getrocknet oder geröstet, eignen sich in Salaten, Suppen, Desserts, Kuchen, Brot und Brötchen, zum Knabbern und für pharmazeutische Produkte. Außerdem wird daraus das bekannte Kürbiskernöl gewonnen, das sich besonders gut für rustikale Salate empfiehlt. Das Öl in den Kürbiskernen zählt zu den wertvollsten Pflanzenölen. Der Gehalt an Mineralstoffen und Vitaminen ist ebenfalls hoch. Früher wurde das Kürbisfleisch meist süß-sauer mit Essig, Gewürznelken, Zimt, Zucker und Salz eingelegt und zum Rind- und Wildfleisch oder zu Butterbrot gegessen.

Vor der Verwendung muss der Kürbis gut gewaschen, in Stücke geschnitten, ausgehöhlt und geschält werden. Viele Kürbisse, siehe hierzu die Sortenbeschreibungen, werden mit der Schale verarbeitet. Sie verkocht sich mit dem Fruchtfleisch. Das Kernhaus, das von sehr klein bis groß variieren kann, mit den Kernen und den faserigen oder auch strohigen Teilen entfernen. Die Ge-

Links: Weibliche Blüte.

Rechts: Männliche Blüte.

richte kann man beliebig würzen: süß, sauer, süßsauer, pikant bis scharf; jede Geschmacksrichtung passt zum Kürbis. Um die große Spannbreite der Geschmacksnuancen zu erfahren, muss man beim Kochen mit den Sorten und Gewürzen variieren.

Da man während und nach dem Krieg bei uns in Deutschland fast nur den Kürbis 'Gelber Zentner' kannte, ist der Speisekürbis mittlerweile durch seine große Sortenvielfalt eine begehrte Delikatesse geworden und in der Gourmet- und Naturküche nicht mehr wegzudenken. Die Farben des Fruchtfleisches reichen von creme, hellgelb, dunkelgelb, orange bis dunkelorange. Es kann fasrig, zart, cremig, buttrig, weich, mittelfest und fest sein. Je dunkler das Fruchtfleisch aussieht, desto höher ist der Gehalt an Karotinen; beispielsweise bei 'Buckskin', 'Muskatkürbis', 'Buttercup', 'Butternut' und allen Hokkaidosorten. Seine Mineralstoffe und Vitamine reichen von Eisen, Phosphor, viel Calcium, reich an Karotinen bzw. Provitamin A, Vitamin E, Folsäure, Kalium, Natrium, Magnesium, Niazin bis zu den Vitaminen B1 und B2.

Allgemein

Die Erträge der einzelnen Kürbissorten, dazu kommen noch ertragsbeeinflussende Faktoren wie rechtzeitiger oder nicht rechtzeitiger Anbautermin, Blühwetter, Bienenflug, Wasserversorgung, besonders im Juni und Juli, Nährstoffversorgung, Bodenbeschaffenheit, Temperatur und das Herbstwetter, können sehr unterschiedlich ausfallen. Auch fällt der Fruchtansatz der Sorten sehr unterschiedlich stark aus. Manche setzen sofort Früchte an, andere erst nach einer längeren Wachstumphase.

Mehltau tritt je nach Sorte und Wetterbedingungen regelmäßig häufig auf, wobei aber keine nennenswerten Ertragsverminderungen festzustellen sind.

Männlich und weibliche Blüten befinden sich gleichzeitig an einer Pflanze. Sie sehen trichterförmig aus und blühen leuchtend gelb in unterschiedlichen Größen. Die ersten Blüten sind männlich, die weiblichen blühen etwas später. Man erkennt die männlichen an einem langen Stiel. Sie ragen mit ihren Blüten in den meisten Fällen über die Pflanze hinaus. Die weiblichen besitzen einen kurzen Stiel mit einem Fruchtknoten und befinden sich unter den Blättern.

Die Ranken und Stiele fühlen sich behaart oder stachelig an. Die Blätter sind mehr oder weniger gelappt, die Oberseite rau und die Unterseite ebenso behaart oder stachelig. Die Blätter, teilweise mit Punkten besetzt, variieren in den unterschiedlichsten grünen Farbnuancen und Größen, wie bei Gurken oder Zucchinis.

Die Pflanzen sind alle einjährig und sehr wärmeliebend. Frost vertragen sie auf gar keinen Fall. Für viele Kürbisarten bringt erst ein warmer September und Oktober eine optimale Ausreifung (siehe hierzu die ausführlichen Sortenbeschreibungen). Der Kürbisanbau ist mit dem der Gurken und Zucchinis gut vergleichbar.

Erst dekorieren – dann verkosten!

Eingeritzte Dekokürbisse

Ausgefallene und ganz individuelle Kürbisse erhält man, wenn sie ein paar Wochen vor der Ernte eingeritzt werden. Mit dem Messer oder auch Ausstechförmchen werden die Kürbisse ca. 2 mm eingeritzt oder -geschnitten, es tritt eine durchsichtige Flüssigkeit aus, der Kürbis fängt an zu bluten. Danach verkrustet die Schnittfläche und es entsteht dadurch eine Narbe. Reife Kürbisse eigenen sich nicht mehr dazu, da die Schale dann schon ausgereift ist.

Anlässe gibt es genügend, wie beispielsweise Geburtstag, Jubiläum, Hauseinzug, Firmenschild oder auch Namen und Monogramme.

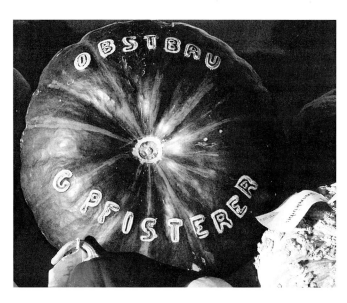

Oben: Eingeritzter 'Roter Zentner' „Firmenschild".

Links: Eingeritzter 'Roter Zentner' „Zum Hauseinzug".

Kürbisse zum Aushöhlen und Schnitzen			
Sorte	Farbe	Gewicht	Größe
Aspen	zuerst dunkelgrün mit orange, später orange bis orangerot	7-15 kg	L: 40-60 cm, U: 70-100 cm, ø 35-60 cm
Baby Bear	zuerst dunkelgrün/orange, später leuchtend orangerot	0,5-1,5 kg	U: 40-55 cm, ø 10-25 cm
Big Max	orange bis orangerot	15-30 kg	U: 150-200 cm, ø 75-100 cm
Evergreen	hellgrün mit gelb, etwas marmoriert und schwachen grünen Längsstreifen	4-10 kg	L: 35-45 cm, U: 90-110 cm, ø 25-35 cm
Frosty	orange	1-4 kg	U: 60-80 cm, ø 20-25 cm
Gelber Zentner	hellgelb bis gelb und hellgrünen Flecken, teilweise verwaschen, auch mit zarten hellen Streifen	2-40 kg	U: 80-180 cm, ø 25-70 cm
Gelber Zentner, genetzt	hellgelb bis gelb und hellgrünen Flecken, teilweise verwaschen, auch mit zarten hellen Streifen. Er ist zusätzlich ganz oder teilweise mit einem hellbraunen unterschiedlich gezeichneten Netz überzogen	2-40 kg	U: 80-180 cm, ø 25-70 cm
Howden	zuerst dunkelgrün/orange, später orange bis orangerot	4-15 kg	L: 35-60 cm, U: 65-100 cm, ø 30-60 cm
Jack O´Lantern	zuerst grünorange, später orange	3-7 kg	U: 70-90 cm, ø 20-30 cm
Jaspee de Vendee	mattes gelb mit kleinen, winzigen hellbraunen Pünktchen, die Schale ist dadurch etwas rauh	0,5-1,5 kg	L: 12-20 cm, U: 50-60 cm, ø 15-20 cm
Pepita	weiß mit unregelmäßigen grünen Streifen	1-4 kg	L: 25-30 cm, U: 60-70 cm, ø 18-24 cm
Roter Zentner	leuchtend intensives orangerot oder verwaschen, teilweise mit gelben Stellen. Auch mit hellen Längsstreifen und hellbraunen Narben	3-15 kg	U: 70-110 cm, ø 25-35 cm
Runder Nizzakürbis	grün, später gelb mit dunkelgrünen Streifen und hellen Punkten	0,5-1,5 kg	L: 15-20 cm, U: 40-50 cm, ø 13-17 cm
Siamkürbis	hellgrün, grün und cremefarben marmoriert	2,5-3,5 kg	L: 18-21 cm, U: 54-65 cm, ø 15-20 cm
Steirischer Ölkürbis	goldgelb mit unregelmäßigen dunkelgrünen Streifen	0,8-5 kg	L: 20-35 cm, U: 50-70 cm, ø 15-25 cm
Winter Luxury	hellorange mit einer gleichmäßigen genetzten Schale	2-5 kg	U: 65-72 cm, ø 22-27 cm

L: Länge, U: Umfang

Erläuterungen zu den Sortenbeschreibungen

Die nachfolgenden Beschreibungen sollen dazu beitragen, die Kürbisse und ihre Erscheinungsformen noch besser kennen zu lernen. Folgende Fragen werden beantwortet: Wie bestimme ich, wann der Kürbis reif ist? Welche Voraussetzungen muss ich beim Anbau beachten? Wie kann ich die Kürbisse verwenden? Wieviel Platz brauche ich im Garten oder im Feld? Welche Klimaansprüche haben die Pflanzen? Und vieles mehr.

Sorte: In Klammern ähnliche und identische oder Synonyme.

Erntezeitraum: Die weitverbreitete Meinung, dass man einen reifen Kürbis daran erkennen kann, dass er beim Anklopfen hohl klingt, ist in fast allen Kürbislektüren falsch beschrieben. Durch die großen Formvarianten, ein großes oder kleines oder nur am unteren Ende sitzendes Kernhaus trifft diese Reifebestimmung allein nach diesen Kriterien nicht zu.

Wetterangaben von Heidelberg (Rheinebene):
Jahresdurchschnittstemperatur: 11 °C
Niederschlagsmenge: 750 l pro m²
Sonnenscheinstunden: 1700 bis 1800 Std.

Aufgrund unterschiedlicher Klimabedingungen kann der Erntezeitpunkt der einzelnen Sorten stark variieren. Wenn Bodenfröste zu erwarten sind, müssen die Kürbisse unbedingt vorher geerntet werden. Es ist zu beachten, dass die Angaben in diesem Buch sich auf Erfahrungen in einem Weinbauklima beziehen und an anderen Standorten vielleicht anders sind.

Farbe: Die Farbe aller Kürbisse ist im Wachstumsstadium hellgrün, grün oder cremeweiß. Sie nehmen erst kurz vor der Reife ihre jeweils beschriebene Farbe an. Die aufgeführten Farbangaben basieren auf einem optimalen Reifegrad und variieren je nach Sorte von weiß, gelb, orange, rot, grau, blau, grün, mit Streifen, Punkten oder marmoriert.

Stiel: Die Stielbeschreibung bezieht sich ebenso auf den optimalen Erntezeitpunkt.

Kürbisgulasch.

Bei der Lagerung verblasst er farblich stark und schrumpft ein.

Form: Die Kürbisformen fallen je nach Sorte sehr unterschiedlich aus: rund, oval, ovalrund, flachrund, spitzrund, sehr lang, lang gekrümmt, länglich, bauchig, sehr dick oder dünn, groß, mittel, klein, sehr klein, flaschen-, birnen-, teller-, eichel- und tropfenförmig, mit schwachen und starken Rippen, dreigelappt, kleine Hörnchen, wie ein Ball, Rugbyball, Teller, Apfel und Herz, wie eine Bischofsmütze, Banane, Zucchini, gekrümmte Birne, Flasche, Walze, Olive oder Glocke, mit einem Knopf oder Zapfen sowie mit Rosetten oder Hüten.

Gewicht und Größe: Die Daten geben nur ungefähre Angaben an. Sie basieren auf Erfahrungen in einem Weinbauklima und können durch andere Klimate, Bodenbeschaffenheit, Wasserzufuhr und Saatgut stark variieren. Siehe hierzu die Tabellen: Große Kürbisse ab 5 kg, mittlere 2-5 kg, kleine bis 2 kg und sehr kleine bis 1 kg.

Fruchtfleisch: Es wird ebenfalls zum Zeitpunkt des optimalen Reifezustandes beschrieben. Da viele der Kürbisse in der Küche verwendet werden sollen, ist es wissenswert, wie fest das Kürbisfleisch mit der Schale ist, um beim Zubereiten keine unangenehmen Überraschungen zu erleben. Folgende Einteilung soll die Bewertung erleichtern:

Kürbiskuchen und Kürbissahnetorte.

Rechte Seite: 'Atlantic Giant' – ein Riesenkürbis für Größenwettbewerbe – aber als Speisekürbis nicht zu empfehlen.

- Weich: Sehr gut mit einem scharfen Küchenmesser zu teilen.
- Mittelfest: Noch gut zu zerlegen.
- Fest: Mit etwas Anstrengung aufzuschneiden.
- Sehr fest: Meistens nicht mehr mit einem Küchenmesser zu teilen. Es besteht dann nur die Möglichkeit, den Kürbis mit einem Hackbeil zu bearbeiten oder auf einen Steinfußboden fallen zu lassen, denn dadurch teilt er sich meistens in zwei Teile. Wenn nur die Schale sehr hart ist, den Kürbis grob zerlegen und etwas ankochen, dann lässt sich die Schale mühlelos abschneiden.

Kerne: Die Kernbeschreibung soll ebenfalls dazu beitragen, den richtigen Erntezeitpunkt herauszufinden. Bei einer Unsicherheit kann man diese auch zu Rat ziehen, da sie von einem reifen Kürbis entnommen sind. Außerdem erleichtern die Größenangaben die Samenbestellung durch eine Gewichtsangabe. Dadurch kann man besser einschätzen, wieviele Kerne für beispielsweise 10 g zu bekommen sind. Selbst getrocknete Kerne für den Nachbau sind nicht zu empfehlen, da es immer ein Risiko bedeutet, da sich die Kürbisse genetisch schnell aufspalten können und dann ein „Sortenmischmasch" entsteht. Grundsätzlich ist meine Erfahrung: Je mehr Sorten auf dem gleichen Feld wachsen, desto größer ist die Aufspaltung! Die Bienen und Hummeln sind leider nicht einer Kürbissorte beim Befruchten treu.

Wuchsform der Pflanze: Die Blätter der Kürbispflanzen sind mehr oder weniger gelappt in den unterschiedlichsten Größen und in allen grünen Farbnuancen, ähnlich wie bei Gurken oder Zucchinis. Die Oberseite der Blätter fühlt sich rau an. Die Unterseite der Blätter und die Ranken sind meistens behaart oder auch leicht stachelig. Die Pflanzen wachsen buschig wie eine Zucchini oder mit Ranken von 2 bis 15 m Länge oder mehr.

Lagerzeit: Sie bezieht sich auf eine optimale Lagerung bei einem gut ausgereiften, unverletzten Kürbis. Die Haltbarkeit ist bis zu der angegebenen Lagerzeit fast ohne Ausfälle zu verstehen, danach kann es in den aufgeführten Zeiträumen teilweise zu großen Lagerverlusten kommen. Diese Angaben differieren witterungsbedingt von Jahr zu Jahr.

Geschmack: Die angegebenen Geschmacksbeschreibungen entstanden aus unseren persönlichen Erfahrungen.

Fruchtfleischbewertung: Sie basiert auf einer jahrelangen Erfahrung.

🎃🎃🎃🎃 sehr hocharomatischer Speisekürbis
🎃🎃🎃 sehr empfehlenswerter Speisekürbis
🎃🎃 empfehlenswerter Speisekürbis
🎃 als Speisekürbis wenig zu empfehlen
– als Speisekürbis nicht zu empfehlen

Verwendung: Da die Geschmäcker bekanntlich auseinandergehen, sind die folgenden Beschreibungen als Vorschlag zu sehen. Jeder sollte sich seine eigene Meinung bilden. Die Verwendung reicht von Suppen, Gemüse, zum Anbraten, im Backofen garen, zum Füllen, für Pies, Gratins, Chutneys, süßsauer eingelegt, Kuchen, Desserts bis zu Konfitüren.

Anmerkung: Alles was noch über die jeweiligen Kürbissorten zu erwähnen und interessant ist, wird hier beschrieben.

Speisekürbissorten von A bis Z (Ähniche und identische oder Synonyme) Zusammenfassung

Aspen
Atlantic Giant (Riesenkürbis Gargantua, Show King)
Autumn Queen (Dunkelgrüner Acorn, Eichelkürbis, Tuffy, Mesa Queen)
Baby Bear
Baby Boo
Big Max
Blaue Banane
Blauer Ungarischer
Blue Ballet (Baby blue, Baby Hubbard blue)
Blue Hubbard
Blue Kuri
Buckskin
Bunter Squash (Ufo, Fliegende Untertasse, Patisson, Sputnik; teilweise auch Bischofs- oder Kaisermütze)
Buttercup
Butternut (Early Butternut, Butterboy, Flaschenkürbis)
Chioggia (Marina de Chioggia)
Cushaw
Custard White (Weißer Squash, Ufo, fliegende Untertasse, Patisson, Sputnik; teilw. auch Bischofs- oder Kaisermütze)
Delica
Delicata
Evergreen
Frosty
Futsu Black Rinded
Gelber Squash (Ufo, Fliegende Untertasse, Patisson, Sputnik; teilweise auch Bischofs- und Kaisermütze)

Gelber Zentner (Riesen-Melone, Gelber Kürbis; Gele Centenaar)
Gelber Zentner, genetzt (Riesen-Melone, genetzt, Gelber Kürbis, genetzt)
Goldapfel
Golden Delicious
Golden Hubbard
Green Delicious
Green Hubbard
Grüner Hokkaido (Sweet Mama)
Grüner Squash (Ufo, Fliegende Untertasse, Patisson, Sputnik, Starship; teilweise auch Bischofs- oder Kaisermütze)
Heart of Gold (Cremegrüner Acorn, Eichelkürbis)
Hörnchenkürbis (Korila)
Howden
Jack be little (Mandarin, Sweet Pie)
Jack O´Lantern (St. Martin, Tom Fox, Halloween)
Jaspee de Vendee (Melonenkürbis, Melonnette)
Langer aus Nizza
Lumina
Muskatkürbis (Muscat de Provence, Französischer Muskatkürbis)
Napolitaner Kürbis
North Georgia
Olive
Panachee (Squash, Ufo, Fliegende Untertasse, Patisson, Sputnik; teilweise auch Bischofs- oder Kaisermütze)
Pepita
Peruanischer Kürbis (Peruaner)
Rolet

Rosa Riesenbanane
Roter Hokkaido (Red Kuri, Uchiki Kuri, Roter Potimarron)
Roter Zentner (Roter Kürbis, Rouge vif d´Etampes)
Runder Nizzakürbis (Tondo chiaro de Nizza)
Siamkürbis (Siamesische Kugel)
Snow Delight
Spagettikürbis (Tivoli, Hasta la pasta, Vegetable Spagetti)
Steirischer Ölkürbis (Lady Godiva, Sepp, Herakles, Mandelkürbis, Gleisdorfer Ölkürbis, Comet, Triple Treat, Markant)
Sunburst (Squash, Ufo, Fliegende Untertasse, Patisson, Sputnik; teilweise auch Bischofs- oder Kaisermütze)
Sweet Dumpling (Patidou)
Table Gold (Gelber Acorn, Eichelkürbis)
Tancheese
Tondo Pandana
Triamble (Triambelkürbis, Tristar, Triangle)
Trombolino (Trombocino d´Albenga)
Türkenturban (Priesterhut, Türkischer Kürbis, Bischofsmütze, Kaisermütze)
Warzenkürbis (Galeux d´Eysines)
Weißer Acorn (Weißer Eichelkürbis, Cream of the Crop, White a Corn)
Weißer Gartenkürbis
Winterhorn (Dunkelgrüner Acorn, Eichelkürbis)
Winter Luxury
Zuckerkürbis aus dem Berry

Speisekürbisse von A bis Z

Acorn „Table Gold"

Acorn 🎃🎃

Cucurbita pepo
(Eichelkürbis)

Autumn Queen (Tuffy, Mesa Queen), Farbe: Dunkelgrün glänzend. **Heart of Gold**, Farbe: Cremegrün gestreift. **Table Gold**, Farbe: Goldgelb leuchtend. **Weißer Acorn** (Cream of the Crop, White a Corn), Farbe: Cremeweiß, etwas später hellgelb. **Winterhorn**, Farbe: Dunkelgrün glänzend. Diese Art kann auch teilweise einer Glocke oder Birne ähnlich sehen.
Erntezeitraum: Mitte bis Ende September. Das Wachstum ist bis Anfang Oktober beendet und die Pflanze stirbt dann ab.
Form: Ein kleiner spitzrunder ovaler Kürbis mit länglichen Rippen, eichelförmig.
Stiel: ⌀ 1–1,5 cm dünn, dunkelgrün, längs gerippt, 7–10 cm lang, hart.
Gewicht: 0,4-1,5 kg.
Größe: Länge 12-17 cm, Umfang 26-35 cm, ⌀ 8–12 cm.
Fruchtfleisch: Hellgelb, feinfasrig, mittelfest.
Kern: 1 cm lang, 0,5 cm breit, Farbe: beige; matt und mit einem dünnen Rand.
Wuchs: Buschig wie Zucchini, teilweise mit Ranken von 2 bis 3 m Länge.
Lagerzeit: 3 bis 9 Monate.
Geschmack: Zartes Aroma.
Bewertung: Ein empfehlenswerter Speisekürbis mit einem hohen Dekorationswert. (🎃🎃)
Verwendung: Zum Anbraten, im Backofen garen, zum Füllen, Pies und Gratins.
Anmerkung: Noch dazu ein schöner, kleiner, dekorativer Kürbis.

Aspen

Aspen 🎃

Cucurbita pepo

Erntezeitraum: Mitte September bis Anfang Oktober. Das Wachstum ist meist bis Mitte Oktober beendet, die Pflanze stirbt dann ab.
Farbe: Zuerst dunkelgrün mit orange, später orange bis orangerot.
Form: Großer ovalrunder Kürbis mit schwachen länglichen Rippen.
Stiel: ⌀ 1–3 cm dünn, dunkelgrün, längs gerippt und leicht gedreht, 10–15 cm lang, hart.
Gewicht: 7 bis 15 kg.
Größe: Länge 40-60 cm, Umfang 70-100 cm, ⌀ 35-60 cm.
Fruchtfleisch: Hellgelb bis orange, fasrig, wässrig, das Kernhaus ist sehr groß, mittelfest.
Kern: 1,7 cm lang, 1 cm breit, Farbe beige matt und mit einem dünnen Rand.
Wuchs: Ranken bis zu 15 m Länge oder mehr, mit großen gelappten Blättern von 40 bis 50 cm ⌀.
Lagerzeit: 2 bis 4 Monate.
Geschmack: Wenig aromatisch.
Bewertung: Als Speisekürbis wenig zu empfehlen, aber wunderschöner Dekokürbis. (🎃)
Verwendung: Auf Grund seines wenig aromatischen Geschmacks höchstens für Suppen und Konfitüre zu empfehlen.
Anmerkung: Durch seine Größe und Form, das mittelfeste Fruchtfleisch und sein großes Kernhaus ist er ein idealer Kürbis zum Aushöhlen und Schnitzen, also ein „Trendkürbis" für Kürbisgeister; beispielsweise bei Kindergeburtstagen und Kürbisfesten wie Halloween.

Atlantic Giant

Baby Bear

Atlantic Giant –
Cucurbita maxima

(Riesenkürbis Gargantua, Show King)
Erntezeitraum: Ende September bis Anfang Oktober. Das Wachstum der Pflanze bleibt bis zum ersten Frost voll erhalten. Erst dann stirbt sie ab.
Farbe: Hellorange, sehr verwaschen.
Form: Sehr großer Kürbis mit leichten Rippen.
Stiel: ø 5–8 cm dick, graugrün bis gelb, 5-10 cm lang, weich.
Gewicht: 30-200 oder bis fast 500 kg. Um die größtmöglichen Kürbisse zu züchten, darf nur eine Frucht pro Pflanze belassen werden, bei einer gleichzeitigen übermäßigen Düngung und Wasserzufuhr.
Größe: Umfang 150-250 cm , ø 100-200 cm.
Fruchtfleisch: Hellgelb, fasrig, wässrig, das Kernhaus ist sehr groß, mittelfest.
Kern: 2,5 cm lang, 1,5 cm breit, Farbe mittelbraun glatt, etwas glänzend und bauchig.
Wuchs: Dicke Ranken bis zu 15 m Länge oder mehr, mit sehr großen gelappten Blättern von 30 bis 60 cm ø.
Lagerzeit: 1 bis 2 Monate.
Geschmack: Schwach, sehr neutral.
Bewertung: Als Speisekürbis nicht zu empfehlen. (–)
Verwendung: Nur als Viehfutter geeignet.
Anmerkung: Auch wenn er als Speisekürbis nicht interessant ist, ist dieser Riesenkürbis doch für Größenwettbewerbe sehr gut geeignet. Der Weltrekord betrug 1998 495 kg und lag 1999 nur wenige kg darunter.

Baby Bear
Cucurbita pepo

Erntezeitraum: Anfang bis Ende September. Das Wachstum ist meist Anfang Oktober beendet. Die Pflanze stirbt dann ab.
Farbe: Zuerst dunkelgrün/orange, später leuchtend orangerot.
Form: Kleiner runder Kürbis wie ein Ball, jedoch leicht gerippt.
Stiel: ø 1-2 cm dünn, dunkelgrün, längs gerippt, 8-15 cm lang, hart.
Gewicht: 0,5-1,5 kg.
Größe: Umfang 40-55 cm, ø 10-25 cm.
Fruchtfleisch: Hellgelb bis orange, wässrig, das Kernhaus ist sehr groß, weich.
Kern: 1,5 cm lang 1 cm breit, Farbe olivebeige matt, und mit einem dünnen Rand.
Wuchs: Ranken von 2-4 m Länge.
Lagerzeit: 3- 4 Monate. Danach kann er sehr schnell austrocknen.
Geschmack: Wenig aromatisch.
Bewertung: Ein wenig empfehlenswerter Speisekürbis, aber mit einem hohen Dekorationswert. ( )
Verwendung: Durch seinen wenig aromatischen Geschmack höchstens für Suppen oder Konfitüre geeignet.
Anmerkung: Durch seine Größe, Form, das mittelfeste Fruchtfleisch und das große Kernhaus ist er ein idealer Kürbis zum Aushöhlen und Schnitzen, z.B. bei Kindergeburtstagen und Kürbisfesten wie Halloween. Die geteilten und ausgehöhlten Kürbisse können auch sehr gut als Suppentassen verwendet werden.

Speisekürbisse von A bis Z

Baby Boo

Big Max

Baby Boo

Cucurbita pepo

Erntezeitraum: Anfang September bis Anfang Oktober. Das Wachstum ist meist Mitte Oktober beendet. Die Pflanze stirbt dann ab.
Farbe: Cremeweiß.
Form: Ein sehr kleiner, flachrunder Kürbis mit ausgeprägten länglichen Rippen.
Stiel: ø 0,5-1 cm dünn, hellgrün, längs gerippt, 5-10 cm lang.
Gewicht: 0,3-0,6 kg.
Größe: Umfang 18-30 cm, ø 7-12 cm.
Fruchtfleisch: Cremeweiß, mittelfest bis fest. Der Kürbis muss nicht geschält werden, was bei dieser Größe und Form von Vorteil ist.
Kern: 0,9 cm lang, 0,7 cm breit, Farbe beige matt und mit einem sehr dünnen Rand.
Wuchs: Ranken von 2 bis 4 m mit wenigen kleinen gelappten Blättern. Die Früchte hängen aufgereiht wie eine Perlenkette an den Ranken.
Lagerzeit: 4-5 Monate, danach kann er austrocknen.
Geschmack: Feines Esskastanienaroma.
Bewertung: Ein feiner kleiner Speisekürbis mit hohem Dekorationswert.
Verwendung: Sehr gut geeignet im Backofen zu garen und zum Füllen oder das Fruchtfleisch roh und ungeschält wie Bratkartoffel zubereiten.
Anmerkung: Auch ein sehr schöner kleiner und beliebter Dekokürbis.

Big Max

Cucurbita maxima

Erntezeitraum: Mitte September bis Anfang Oktober. Das Wachstum ist meist Anfang bis Mitte Oktober beendet. Die Pflanze stirbt dann ab.
Farbe: Orange bis orangerot.
Form: Großer runder Kürbis mit flachen länglichen Rippen.
Stiel: ø 1,5-4 cm dick, grün mit weichen hellbraunen Korkzellen, längs gerippt, 10-15 cm lang, mittelfest.
Gewicht: 15-30 kg.
Größe: Umfang 150-200 cm, ø 75-100 cm.
Fruchtfleisch: Hellorange, leicht wässrig, das Kernhaus ist sehr groß, mittelfest.
Kern: 1,9 cm lang, 1 cm breit, Farbe schwach hellbraun matt und mit einem dünnen beigen Rand.
Wuchs: Ranken bis zu 10 m Länge mit großen gelappten Blättern.
Lagerzeit: 1-3 Monate.
Geschmack: Schwach aromatisch.
Bewertung: Ein guter Speisekürbis.
Verwendung: Für Suppen, Pies, Gratins, Chutneys, süßsauer eingelegt, Kuchen, Desserts und Konfitüre.
Anmerkung: Durch seine Größe, Form, das mittelfeste Fruchtfleisch und sein großes Kernhaus ist er ein idealer Kürbis zum Aushöhlen und Schnitzen, also ein „Trendkürbis" für Kürbisgeister; beispielsweise bei Kindergeburtstagen und Kürbisfesten wie Halloween. Wird nur eine Frucht pro Pflanze belassen, können auch übergroße Exemplare geerntet werden.

Blaue Banane

Blauer Ungarischer

Blaue Banane 🎃🎃🎃
Cucurbita maxima

Erntezeitraum: Mitte September bis Anfang Oktober. Das Wachstum ist dann meist beendet. Die Pflanze stirbt ab.
Farbe: Blaugrau, teilweise braun benetzt.
Form: Wie eine große dicke Banane.
Stiel: ø 2-3 cm dick, graugrün mit gelb, mit weichen hellbraunen Korkzellen, 2-3 cm lang, mittelfest.
Gewicht: 1,5-4 kg.
Größe: Länge 25-35 cm, Umfang 30-40 cm.
Fruchtfleisch: Dunkelorange, mittelfest.
Kern: 1,6 cm lang, 0,9 cm breit, Farbe schwach hellbraun glatt, leicht glänzend und mit einem dünnen beigen Rand.
Wuchs: Ranken von 5 bis 7 m Länge.
Lagerzeit: 4-8 Monate.
Geschmack: Sehr feines Aroma.
Bewertung: Ein sehr empfehlenswerter Speisekürbis mit hohem Dekorationswert. (🎃🎃🎃)
Verwendung: Für Suppen, Gemüse, zum Anbraten, im Backofen garen, Pies, Gratins, Chutneys, süßsauer eingelegt, Kuchen und Konfitüre.
Anmerkung: Ein schöner dekorativer Kürbis mit einer nicht alltäglichen Form. Beim Lagern wechselt er seine Farbe langsam und wird ganzflächig hellbraun. Dabei wird das Fruchtfleisch noch aromatischer.

Blauer Ungarischer 🎃🎃🎃
Cucurbita maxima

Erntezeitraum: Mitte September bis Mitte Oktober. Das Wachstum ist dann meist beendet. Die Pflanze stirbt ab.
Farbe: Blaugrau, glänzend.
Form: Ein mittelgroßer flachrunder Kürbis mit schwachen Rippen.
Stiel: ø 2-4 cm dick, graugrün mit gelb, mit weichen hellbraunen Korkzellen, in der Mitte ist er hohl, 4-6 cm lang, mittelfest.
Gewicht: 2-6 kg.
Größe: Umfang 70-85 cm, ø 24-35 cm.
Fruchtfleisch: Dunkelorange, mittelfest bis fest.
Kern: 2,1 cm lang, 1,3 cm breit, Farbe creme matt und mit einem dünnen Rand.
Wuchs: Ranken von 5 bis 7 m Länge.
Lagerzeit: 4-8 Monate.
Geschmack: Ein sehr gutes Aroma.
Bewertung: Ein sehr empfehlenswerter Speisekürbis. (🎃🎃🎃)
Verwendung: Für Suppen, Gemüse, zum Anbraten, im Backofen garen, Pies, Gratins, Chutneys, süßsauer eingelegt, Kuchen und Konfitüre.
Anmerkung: Eine bekannte ungarische Sorte. Man trifft diesen Kürbis oft im Garten an, da er sehr robust, unempfindlich und gut zu lagern ist. Etwas ungünstig ist seine Größe, da er gleich für 3 bis 5 Mahlzeiten ausreicht und sich nach längerer Lagerung etwas schwerer aufschneiden lässt.

Blue Ballett

Blue Hubbard

Blue Ballet ⊕⊕

Cucurbita maxima

(Baby blue, Baby Hubbard blue)
Erntezeitraum: Mitte September bis Anfang Oktober. Das Wachstum ist meist bis Mitte Oktober beendet. Die Pflanze stirbt dann ab.
Farbe: Blaugrau, teilweise verwaschen.
Form: Ein kleiner ovalrunder Kürbis, teilweise mit ganz schwachen länglichen Rippen, vorne und hinten etwas spitz zulaufend, geformt wie ein Rugbyball.
Stiel: ø 3-5 cm dick, graugrün mit gelb, mit weichen hellbraunen Korkzellen, 2-5 cm lang, mittelfest.
Gewicht: 1-3 kg.
Größe: Länge 20-30 cm, Umfang 42-55 cm.
Fruchtfleisch: Dunkelgelb bis -orange, das Kernhaus ist sehr groß, mittelfest.
Kern: 1,6 cm lang, 1 cm breit, Farbe schwach hellbraun glatt, leicht glänzend und mit einem dünnen beigen Rand.
Wuchs: Ranken von 4 bis 6 m Länge.
Lagerzeit: 4-12 Monate oder etwas länger.
Geschmack: Ein gutes Aroma.
Bewertung: Ein empfehlenswerter Speisekürbis und noch dazu mit einem hohen Dekorationswert. (⊕⊕)
Verwendung: Für Suppen, Gemüse, zum Anbraten, im Backofen garen, Pies, Gratins, Chutneys, süßsauer eingelegt, Kuchen und Konfitüre.
Anmerkung: Eine sehr bekannte amerikanische Sorte. Bei längerer Lagerung etwas schwerer aufzuschneiden. Schöner dekorativer Kürbis mit einer etwas anderen Form.

Blue Hubbard ⊕⊕

Cucurbita maxima

Erntezeitraum: Mitte September bis Anfang Oktober. Das Wachstum ist meist bis Mitte Oktober beendet. Die Pflanze stirbt dann ab.
Farbe: Blaugrau, teilweise verwaschen.
Form: Ein mittelgroßer ovalrunder Kürbis, teilweise mit länglichen Rippen, vorne und hinten etwas spitz zulaufend, genoppt, wie ein großer Rugbyball.
Stiel: ø 4-6 cm dick, graugrün mit gelb, mit weichen hellbraunen Korkzellen, 2-6 cm lang, mittelfest.
Gewicht: 3-6 kg.
Größe: Länge 35-50 cm, Umfang 60-90 cm.
Fruchtfleisch: Dunkelgelb bis -orange, das Kernhaus ist sehr groß, mittelfest bis fest.
Kern: 2 cm lang, 1,2 cm breit, Farbe weiß matt und mit einem dünnen Rand.
Wuchs: Ranken von 6 bis 8 m Länge.
Lagerzeit: 4-9 Monate.
Geschmack: Ein gutes Aroma.
Bewertung: Ein empfehlenswerter Speisekürbis mit hohem Dekorationswert. (⊕⊕)
Verwendung: Für Suppen, Gemüse, zum Anbraten, im Backofen garen, Pies, Gratins, Chutneys, süßsauer eingelegt, Kuchen und Konfitüre.
Anmerkung: Eine sehr bekannte amerikanische Sorte. Das Kernhaus ist sehr groß. Bei längerer Lagerung etwas schwerer aufzuschneiden. Schöner dekorativer Kürbis mit einer etwas anderen Form.

Blue Kuri

Buckskin

Blue Kuri 🎃🎃🎃
Cucurbita maxima

Erntezeitraum: Anfang bis Ende September. Das Wachstum ist meist bis Anfang Oktober beendet. Die Pflanze stirbt dann ab.
Farbe: Blaugrau, leicht gepunktet oder marmoriert und mit grauen Streifen.
Form: Ein kleiner flachrunder Kürbis, teilweise mit schwachen länglichen Rippen.
Stiel: ø 2,5-4 cm dick, graugrün mit gelb, mit weichen hellbraunen Korkzellen, 4-8 cm lang, mittelfest.
Gewicht: 0,5-2 kg.
Größe: Umfang 50-60 cm, ø 15-20 cm.
Fruchtfleisch: Orange, mittelfest bis fest. Der Kürbis muss nicht geschält werden, die Schale verkocht sich mit dem Fruchtfleisch.
Kern: 1,4 cm lang, 1 cm breit, Farbe schwach hellbraun matt.
Wuchs: Ranken von 5 bis 7 cm Länge.
Lagerzeit: 4-6 Monate.
Geschmack: Sehr gutes Aroma, schwacher Muskatgeschmack.
Bewertung: Ein sehr empfehlenswerter Speisekürbis. (🎃🎃🎃)
Verwendung: Für Suppen, Gemüse, im Backofen garen, Pies, Gratins, Chutneys, Kuchen und Konfitüre.
Anmerkung: Durch seine Größe und sein Aroma ein sehr guter Speisekürbis für den Hausgarten. Bei längerer Lagerzeit können helle trockene Stellen im Fruchtfleisch entstehen. Nach Ausschneiden dieser Partien kann er wie gewohnt verarbeitet werden.

Buckskin 🎃🎃🎃🎃
Cucurbita moschata

Erntezeitraum: Mitte bis Ende September. Das Wachstum ist meist bis Anfang Oktober beendet und die Planze stirbt dann ab.
Farbe: Bronzefarbig bis sandbraun, bereift.
Form: Ein mittelgroßer ovaldicker Kürbis mit schwachen Längsrippen. Er besitzt die Eigenschaft, dass fast jeder ein anderes Aussehen hat. Das beste Erkennungsmerkmal ist die feine Sandpapierschale.
Stiel: ø 2,5-3 cm dick, hellgrün, etwas stachelig, 9-14 cm lang, hart.
Gewicht: 3-7 kg.
Größe: Länge 30-50 cm, Umfang 60-80 cm.
Fruchtfleisch: Leuchtend dunkelorange, samtig, weich.
Kern: 1,2 cm lang, 0,8 cm breit, Farbe hellgrau matt und mit einem dünnen Rand.
Wuchs: Ranken von 5 bis 7 m Länge.
Lagerzeit: 1-3 Monate.
Geschmack: Ein sehr feines delikates Muskataroma.
Bewertung: Hocharomatischer, sehr empfehlenswerter Speisekürbis. (🎃🎃🎃🎃)
Verwendung: Bestens geeignet für feine Suppen, Gemüse und Konfitüre. Für andere Speisen weniger gut zu verwenden, da das Fruchtfleisch schnell zerfällt.
Anmerkung: Ausgezeichneter Speisekürbis. Eine Suppe oder ein Gemüse ist ein besonderer Genuss! Die Schale ist sehr empfindlich und bekommt dadurch schnell Druckstellen, wodurch er an Haltbarkeit und Schönheit verliert.

Buttercup

Butternut

Buttercup ⬤⬤⬤⬤

Cucurbita maxima

Erntezeitraum: Mitte September bis Anfang Oktober. Das Wachstum ist meist Mitte Oktober beendet. Die Pflanze stirbt dann ab.
Farbe: Dunkelgrün mit hellgrauen Streifen. Mit hellbraunen Wülsten um die graugrünen Rosetten oder Hüte.
Form: Ein kleiner rund abgeflachter Kürbis mit Rosetten oder Hüten und einem Knopf in der Mitte. Die untere Seite ist wie ein Becher geformt.
Stiel: ø 2-4 cm dick, graugrün mit gelb, mit weichen hellbraunen Korkzellen, 3-5 cm lang, mittelfest.
Gewicht: 0,5-2 kg.
Größe: Umfang 30-50 cm, ø 10-15 cm.
Fruchtfleisch: Orange, cremig, buttrig, mittelfest. Der Kürbis muss nicht geschält werden. Die Schale verkocht sich mit dem Fruchtfleisch. Es müssen nur die hellbraunen Wülste ausgeschnitten werden.
Kern: 1,7 cm lang, 1 cm breit, Farbe creme: matt und mit einem dünnen Rand.
Wuchs: Ranken von 4 bis 6 m Länge.
Lagerzeit: 3-6 Monate.
Geschmack: Zartes Muskataroma.
Bewertung: Ein sehr empfehlenswerter Speisekürbis. (⬤⬤⬤⬤⬤)
Verwendung: Für Suppen, Gemüse, im Backofen garen, Pies, Gratins, Kuchen und Konfitüre.
Anmerkung: Eine sehr bekannte amerikanische Sorte. Ein wertvoller Kürbis, der durch seine handliche Größe und sein ausgezeichnetes Aroma in keinem Garten fehlen darf!

Butternut ⬤⬤⬤

Cucurbita moschata

(Early Butternut, Butterboy, Flaschenkürbis)
Erntezeitraum: Mitte September bis Anfang Oktober. Das Wachstum ist bis Mitte Oktober beendet. Die Pflanze stirbt dann ab.
Farbe: Hellbraun bis sandfarben oder bronze. Teilweise am Stielansatz mit länglichen grünen Streifen.
Form: Ein kleiner bis mittlerer Flaschenkürbis. Manchmal auch dicker, länger oder dünner. Am Ende ist er etwas bauchig.
Stiel: ø 1,5-2 cm dünn, grün, kantig, 3-6 cm lang, hart.
Gewicht: 0,5-4 kg.
Größe: Länge 20-40 cm, Umf. 35-50 cm, ø 20-45 cm.
Fruchtfleisch: Dunkelgelb, mittelfest bis fest. Das Kernhaus ist sehr klein und befindet sich im dickeren unteren Ende, dadurch besitzt er einen hohen Fruchtfleischanteil.
Kern: 1,3 cm lang, 1,2 cm breit, Farbe schwach hellgrau matt und mit einem sehr dünnen Rand.
Wuchs: Ranken von 5 bis 7 m Länge.
Lagerzeit: 3-12 Monate, teilweise auch länger. Bei einer längeren Lagerzeit wird das Kernhaus etwas größer.
Geschmack: Feines Aroma mit einer leicht nussigen Note.
Bewertung: Ein sehr empfehlenswerter Speisekürbis mit hohem Dekorationswert. (⬤⬤⬤)
Verwendung: Für Suppen, Gemüse, sehr gut zum Anbraten, wie ein Schnitzel panieren und zubereiten, im Backofen garen, Pies, Gratins, Chutneys, Kuchen und Konfitüre.
Anmerkung: Ein echter Allroundkürbis.

Chioggia

Cushaw

Chioggia 🎃🎃🎃

Cucurbita maxima

(Marina de Chioggia)
Erntezeitraum: Ende September bis Mitte Oktober. Das Wachstum der Pflanze bleibt bis zum ersten Frost erhalten.
Farbe: Nuancen von dunkelgrün bis dunkelgrau, teilweise verwaschen. Der Hut hat hellgraue Streifen.
Form: Ein mittelgroßer, flachrunder Kürbis mit dicken Noppen. Variiert von gerippt bis genoppt. Mit Rosetten oder flachen Hüten, ähnlich wie bei der Sorte Türkenturban.
Stiel: ø 1,5 bis 4 cm dick, graugrün mit gelb, mit weichen Korkzellen, 4 bis 8 cm lang, mittelfest.
Gewicht: 2-5 kg.
Größe: Umfang 65-95 cm, ø 20-30 cm.
Fruchtfleisch: Orange, fest bis sehr fest.
Kern: 2 cm lang, 1,1 cm breit, Farbe weiß matt und mit einem sehr dünnen Rand.
Wuchs: Ranken von 7 bis 10 m Länge.
Lagerzeit: 4-12 Monate, teilweise auch länger.
Geschmack: Sehr gutes Aroma.
Bewertung: Ein sehr empfehlenswerter Speisekürbis mit besonders hohem Dekorationswert. (🎃🎃🎃)
Verwendung: Zu Suppen, Gemüse, zum Anbraten, im Backofen garen, Pies, Gratins, Chutneys, süßsauer eingelegt, Kuchen und Konfitüre.
Anmerkung: Ein außergewöhnlicher Kürbis mit einem immer etwas anderen Aussehen. Bei dieser Sorte stimmt alles: Schönheit, Geschmack und Haltbarkeit. Es ist eine altbewährte italienische Sorte. Bei einer längeren Lagerung ist er nur noch sehr schwer zu zerteilen.

Cushaw 🎃

Cucurbita mixta

Erntezeitraum: Mitte September bis Anfang Oktober. Das Wachstum ist meist bis Mitte Oktober beendet. Die Pflanze stirbt dann ab.
Farbe: Weiß mit unregelmäßigen grünen Streifen. Teilweise oben am Hals auch gelbe, schmale Streifen.
Form: Ein mittelgroßer bis großer Kürbis in Flaschenform oder wie eine dicke, gekrümmte Birne.
Stiel: ø 2-3 cm dick, dunkelgrün mit länglichen Rippen, 4-8 cm lang, hart.
Gewicht: 2-6 kg.
Größe: Länge 35-45 cm, Umfang 50-65 cm.
Fruchtfleisch: Creme bis hellgelb, weich bis mittelfest. Das Kernhaus befindet sich im dickeren Ende.
Kern: 1,7 cm lang, 1 cm breit, Farbe weiß mit einem dünnen beigen Rand.
Wuchs: Ranken von 5 bis 7 m Länge.
Lagerzeit: 3-6 Monate.
Geschmack: Neutrales Aroma.
Bewertung: Als Speisekürbis wenig zu empfehlen, hat aber einen besonders hohen Dekorationswert. (🎃)
Verwendung: Durch seinen wenig aromatischen Geschmack höchstens für Suppen oder Konfitüre zu verwenden.
Anmerkung: Interessanter, ausgefallener Dekokürbis.

Delica

Delicata

Delica ♦♦♦

Cucurbita maxima

Erntezeitraum: Mitte September bis Anfang Oktober. Das Wachstum ist meist bis Mitte Oktober beendet. Die Pflanze stirbt dann ab.
Farbe: Blaugrau, leicht verwaschen.
Form: Ein kleiner flachrunder Kürbis.
Stiel: ø 2,5-4 cm dick, graugrün mit gelb, mit weichen, hellbraunen Korkzellen, 4-8 cm lang, mittelfest.
Gewicht: 0,5-2 kg.
Größe: Umfang 50-60 cm, ø 15-20 cm.
Fruchtfleisch: Orange, mittelfest. Der Kürbis muss nicht geschält werden, die Schale verkocht sich mit dem Fruchtfleisch.
Kern: 1,5 cm lang, 0,8 cm breit, Farbe hellbraun glatt und mit einem dünnen Rand; etwas bauchig.
Wuchs: Ranken bis zu 4 bis 6 m Länge.
Lagerzeit: 4-6 Monate.
Geschmack: Sehr gutes Aroma mit leichtem Muskatgeschmack.
Bewertung: Ein sehr empfehlenswerter Speisekürbis. (♦♦♦♦)
Verwendung: Für Suppen, Gemüse, im Backofen garen, Pies, Gratins, Kuchen und Konfitüre.
Anmerkung: Durch seine Größe und das Aroma ein ausgezeichneter Speisekürbis für den Garten. Bei einer längeren Lagerzeit können helle, trockene Stellen im Fruchtfleisch entstehen. Nach Ausschneiden dieser Teile kann er wie gewohnt verarbeitet werden.

Delicata ♦♦♦

Cucurbita pepo

Erntezeitraum: Mitte bis Ende September. Das Wachstum ist meist bis Anfang Oktober beendet. Die Pflanze stirbt dann ab.
Farbe: Cremeweiß mit unterschiedlichen grünen Längsstreifen.
Form: Ein kleiner länglicher, leicht gerippter Kürbis.
Stiel: ø 0,5-1,5 cm dick, grün, 2-4 cm lang, hart.
Gewicht: 0,5-1 kg.
Größe: Länge 12-30 cm, ø 20-30 cm.
Fruchtfleisch: Cremeweiß, mittelfest bis fest. Der Kürbis muss nicht geschält werden, die Schale verkocht sich mit dem Fruchtfleisch.
Kern: 0,5 cm lang, 0,8 cm breit, Farbe beige matt und mit einem dünnen Rand.
Wuchs: Ranken von 4 bis 6 m Länge.
Lagerzeit: 2-3 Monate.
Geschmack: Feines Esskastanienaroma.
Bewertung: Sehr empfehlenswerter Speisekürbis. (♦♦♦♦)
Verwendung: Zum Anbraten, im Backofen garen, zum Füllen, Pies und Gratins.
Anmerkung: Durch seine Größe und das Aroma ein sehr guter Speisekürbis für den Garten, mit dem Nachteil begrenzter Lagerfähigkeit. Auch ist es bei dieser Kürbissorte ratsam, die Kerne in kleinen Töpfen über + 20 °C vorzuziehen, da sie bei tieferen Temperaturen nicht keimen. Durch seine Form und Farbe ein toller Dekokürbis. Bei der Lagerung wandelt er schnell seine grüne und cremeweiße Farbe in gelb, es bildet sich zusätzlich noch eine leichte Wachsschicht.

Evergreen

Frosty

Kochtipp: Den Kürbis in 1 bis 1,5 cm dicke Scheiben zu schneiden und das kleine Kernhaus auszustechen. In heißem Öl von beiden Seiten leicht braun anbraten, mit Salz und Pfeffer würzen und mit einer hausgemachten Remouladensoße servieren.

Evergreen

Cucurbita pepo

Erntezeitraum: Mitte September bis Anfang Oktober. Das Wachstum ist meist Mitte Oktober beendet. Die Pflanze stirbt dann ab.
Farbe: Hellgrün mit gelb, marmoriert und schwachen grünen Längsstreifen.
Form: Ein großer ovalrunder Kürbis. Oben und unten etwas abgeflacht wie eine Walze.
Stiel: ø 3-5 cm dick, grün, längs gerippt, 5-8 cm lang.
Gewicht: 4-10 kg.
Größe: Länge 35-45 cm, Umfang 90-110 cm, ø 25-35 cm.
Fruchtfleisch: Hellgelb, mittelfest.
Kern: 2 cm lang, 1,4 cm breit, Farbe creme, matt und mit einem etwas dickeren Rand.
Wuchs: Ranken von 7-15 m Länge.
Lagerzeit: 4-6 Monate.
Geschmack: Neutrales Aroma.
Bewertung: Als Speisekürbis wenig zu empfehlen.
Verwendung: Zum Anbraten, Pies, Gratins, Kuchen, Desserts und Konfitüre.
Anmerkung: Durch seine Größe, Form, das mittelfeste Fruchtfleisch und sein großes Kernhaus ist er dadurch ein idealer Kürbis zum Aushöhlen und Schnitzen. Also ein „Trendkürbis" für Kürbisgeister; beispielsweise bei Kindergeburtstagen und Kürbisfesten wie Halloween. Bei einer längeren Lagerung wandelt er seine Farbe langsam und wird ganzflächig hellgelb.

Frosty

Cucurbita pepo

Erntezeitraum: Mitte September bis Anfang Oktober. Das Wachstum ist bis Mitte Oktober beendet. Die Pflanze stirbt dann ab.
Farbe: Orange.
Form: Ein kleiner bis mittlerer Kürbis mit flachen Längsrippen.
Stiel: ø 1-3 cm dick, dunkelgrün mit Längsrippen, 5-8 cm lang, hart.
Gewicht: 1-4 kg.
Größe: Umfang 60-80 cm, ø 20-25 cm.
Fruchtfleisch: Hellgelb bis gelb, leicht fasrig, wässrig, das Kernhaus ist sehr groß, mittelfest.
Kern: 1,3 cm lang, 0,9 cm breit, Farbe zartes hellgrau, matt und mit einem sehr dünnen Rand.
Wuchs: Ranken von 5 bis 7 m Länge.
Lagerzeit: 2-3 Monate.
Geschmack: Neutrales Aroma.
Bewertung: Als Speisekürbis wenig zu empfehlen.
Verwendung: Durch seinen wenig aromatischen Geschmack höchstens für Suppen und Konfitüre geeignet.
Anmerkung: Durch seine Größe, Form, das mittelfeste Fruchtfleisch und sein großes Kernhaus eignet er sich ideal zum Aushöhlen und Schnitzen. Also ein „Trendkürbis" für Kürbisgeister.

Futsu Black Rinded

Gelber Zentner

Futsu Black Rinded 🎃🎃🎃

Cucurbita moschata

Erntezeitraum: Mitte September bis Anfang Oktober. Das Wachstum ist meist bis Anfang Oktober beendet. Die Pflanze stirbt dann ab.
Farbe: Dunkelgrün bis dunkelbraun, bereift.
Form: Ein kleiner ansprechender Kürbis mit Längsrippen und kleineren Noppen.
Stiel: ø 2-4 cm dick, dunkelgrün, längs gerippt, 10-15 cm lang, hart.
Gewicht: 0,5-1,5 kg.
Größe: Umfang 45-55 cm, ø 13-20 cm.
Fruchtfleisch: Orange bis braun, mittelfest. Die Schale kann mitverwendet werden. Sie verkocht sich mit dem Fruchtfleisch.
Kern: 1,4 cm lang, 0,7 cm breit, Farbe zartes hellgrau, matt und mit einem sehr dünnen Rand.
Wuchs: Ranken von 4 bis 6 m Länge.
Lagerzeit: 4-5 Monate. Danach kann er austrocknen und eignet sich nur noch zum Dekorieren.
Geschmack: Ein feines Muskataroma.
Bewertung: Ein sehr empfehlenswerter Muskatkürbis mit hohem Dekorationswert. (🎃🎃🎃)
Verwendung: Für Suppen, Gemüse, im Backofen garen, zum Füllen, Pies, Gratins, Kuchen, Desserts und Konfitüre. Nicht geeignet zum Anbraten, da er sich sofort mit Fett vollsaugt dadurch unappetitlich wird und schnell zerfällt.
Anmerkung: Ein feiner, kleiner, ausdrucksstarker Muskatkürbis, der in keinem Garten fehlen darf. Außerdem ein toller Dekokürbis. Nach längerer Lagerung sandbraun.

Gelber Zentner 🎃🎃

Cucurbita maxima

(Riesen-Melone, Gelber Kürbis, Gele Centenaar)
Erntezeitraum: Anfang September bis Anfang Oktober. Das Wachstum ist meist Mitte Oktober beendet. Die Pflanze stirbt dann ab.
Farbe: Hellgelb bis gelb mit hellgrünen Flecken, teilweise verwaschen, auch mit zarten hellen Streifen.
Form: Ein großer runder Kürbis, der auch oval oder mit schwachen Längsrippen ausfallen kann.
Stiel: ø 1,5-4 cm dick, graugrün mit gelb und mit weichen hellbraunen Korkzellen, 10-15 cm lang, mittelfest.
Gewicht: 2-40 kg.
Größe: Umfang 80-180 cm, ø 25-70 cm.
Fruchtfleisch: Hellgelb bis dunkelgelb, wässrig, das Kernhaus ist sehr groß, mittelfest.
Kern: 2,3 cm lang, 1,2 cm breit, Farbe weiß bis creme, matt und mit einem dünnen Rand, sowie etwas bauchig.
Wuchs: Ranken von 5 bis 10 m Länge mit großen gelappten Blättern.
Lagerzeit: 2-3 Monate.
Geschmack: Neutrales bis mittleres Aroma.
Bewertung: Ein empfehlenswerter Speisekürbis. (🎃🎃)
Verwendung: Für Suppen, Gemüse, zum Anbraten, im Backofen garen, Pies, Gratins, Chutneys, süßsauer eingelegt, Kuchen und Konfitüre.
Anmerkung: Eine der bekanntesten Sorte die in den Gärten zu finden ist. Aufgrund seiner Größe, Form, seinem mittelfesten Fruchtfleisch und seinem großen Kernhaus eignet dieser Kürbis sich ideal zum Aushöhlen und Schnitzen.

Gelber Zentner, genetzt

Goldapfel

Gelber Zentner, genetzt 🎃🎃

Cucurbita maxima

(Riesen-Melone, genetzt, Gelber Kürbis, genetzt)
Erntezeitraum: Anfang September bis Anfang Oktober. Das Wachstum ist meist Mitte Oktober beendet. Die Pflanze stirbt dann ab.
Farbe: Hellgelb bis gelb mit hellgrünen Flecken, teilweise verwaschen, auch mit zarten hellen Streifen. Er ist zusätzlich ganz oder teilweise mit einem hellbraunen unterschiedlich gezeichneten Netz überzogen.
Form: Ein großer runder Kürbis, der auch oval oder mit schwachen Längsrippen ausfallen kann.
Stiel: ø 1,5-4 cm dick, graugrün mit gelb und weichen hellbraunen Korkzellen, 10-15 cm lang, mittelfest.
Gewicht: 2-40 kg.
Größe: Umfang 80-180 cm, ø 25-70 cm.
Fruchtfleisch: Hellgelb bis dunkelgelb, wässrig, das Kernhaus ist sehr groß, mittelfest.
Kern: 2,1 cm lang, 1,1 cm breit, Farbe weiß bis creme, matt und mit dünnem Rand sowie etwas bauchig.
Wuchs: Ranken von 5 bis 10 m Länge mit großen gelappten Blättern.
Lagerzeit: 2-3 Monate.
Geschmack: Neutrales bis mittleres Aroma.
Bewertung: Ein empfehlenswerter Speisekürbis. 🎃🎃
Verwendung: Für Suppen, Gemüse, zum Anbraten, im Backofen garen, Pies, Gratins, Chutneys, süßsauer eingelegt, Kuchen und Konfitüre.
Anmerkung: Eine der bekanntesten Sorten, die in den Gärten zu finden ist. Ideal zum Aushöhlen.

Goldapfel 🎃🎃

Cucurbita pepo

Erntezeitraum: Anfang bis Ende September. Das Wachstum ist meist bis Anfang Oktober beendet. Die Pflanze stirbt dann ab.
Farbe: Dunkelgelb.
Form: Ein sehr kleiner, runder Kürbis, wie ein Apfel.
Stiel: ø 0,5-1,5 cm dünn, dunkelgrün, mit Längsrippen, 4-7 cm lang, hart.
Gewicht: 0,2-0,8 kg.
Größe: Umfang 22-30 cm, ø 6-9 cm.
Fruchtfleisch: Hellgelb, mittelfest.
Kern: 1 cm lang, 0,5 cm breit, Farbe creme, glatt und mit einem dünnen Rand.
Wuchs: Ranken von 2 bis 4 m Länge mit wenigen kleinen, gelappten Blättern. Die Früchte hängen aufgereiht wie eine Perlenkette an den Ranken.
Lagerzeit: 3-7 Monate.
Geschmack: Gutes Aroma.
Bewertung: Ein empfehlenswerter Speisekürbis und noch dazu mit einem hohen Dekorationswert. 🎃🎃
Verwendung: Zum Anbraten, im Backofen garen, bestens zum Füllen geeignet, für Pies und Gratins.
Anmerkung: Auch ein kleiner schöner Dekokürbis. Vorsicht: Nicht in unmittelbarer Nähe von Zierkürbissen aussäen, da die Früchte äußerlich kaum zu unterscheiden sind.

Golden Delicious

Golden Hubbard

Golden Delicious ⬤⬤

Cucurbita maxima

Erntezeitraum: Mitte September bis Anfang Oktober. Das Wachstum ist meist bis Mitte Oktober beendet. Die Pflanze stirbt dann ab.
Farbe: Orangerot mit blassen hellen Längsstreifen.
Form: Ein kleiner bis mittlerer runder Kürbis der unten etwas spitz zuläuft, wie ein Herz. Leicht wellig und mit schwachen Längsrippen.
Stiel: ø 2-5 cm dick, graugrün mit gelb und weichen, hellbraunen Korkzellen, 5-10 cm lang, mittelfest.
Gewicht: 1,5-3 kg.
Größe: Umfang 60-80 cm, ø 20-28 cm.
Fruchtfleisch: Dunkelgelb bis orange, das Kernhaus ist sehr groß, mittelfest bis fest.
Kern: 2,3 cm lang, 1,3 cm breit, Farbe weiß, glänzend und mit einem dünnen Rand.
Wuchs: Ranken von 8 bis 10 m Länge.
Lagerzeit: 4-6 Monate.
Geschmack: Gutes bis mittleres Aroma.
Bewertung: Ein empfehlenswerter Speisekürbis und noch dazu mit einem hohen Dekorationswert. (⬤⬤)
Verwendung: Zu Suppen, Gemüse, zum Anbraten, im Backofen garen, Pies, Gratins, Chutneys, süßsauer eingelegt, Kuchen und Konfitüre.
Anmerkung: Durch seine Herzform auch ein sehr ansprechender Dekokürbis.

Golden Hubbard ⬤⬤

Cucurbita maxima

Erntezeitraum: Anfang September bis Anfang Oktober. Das Wachstum ist meist Mitte Oktober beendet. Die Pflanze stirbt dann ab.
Farbe: Dunkelorange, teilweise verwaschen, glänzend oder matt, mit hellen zarten Längsstreifen.
Form: Ein ovaler mittelgroßer Kürbis, wie ein Rugbyball. An beiden Seiten spitz zulaufend und am Ende ein Knopf oder Zapfen. Er ist mehr oder weniger wellig, genoppt und leicht gerippt.
Stiel: ø 3-6 cm dick, graugrün mit gelb, mit weichen hellbraunen Korkzellen, 5-8 cm lang, mittelfest.
Gewicht: 3-8 kg.
Größe: Länge 30-45 cm, Umfang 60-80 cm.
Fruchtfleisch: Dunkelgelb bis orange, das Kernhaus ist sehr groß, mittelfest bis fest.
Kern: 1,8 cm lang, 1 cm breit, Farbe weiß glatt und mit einem dünnen Rand.
Wuchs: Ranken von 4 bis 8 m Länge.
Lagerzeit: 4-8 Monate.
Geschmack: Gutes bis mittleres Aroma.
Bewertung: Ein empfehlenswerter Speisekürbis mit hohem Dekorationswert. (⬤⬤)
Verwendung: Für Suppen, Gemüse, zum Anbraten, im Backofen garen, Pies, Gratins, Chutneys, süßsauer eingelegt, Kuchen und Konfitüre.
Anmerkung: Bekannte amerikanische Sorte mit einer nicht alltäglichen Form und einer guten Haltbarkeit; daher eignet er sich besonders für ausgefallene Dekorationen. Nach längerer Lagerung lässt er sich nur noch schwer zerteilen.

Green Delicious

Green Hubbard

Green Delicious

Cucurbita maxima

Erntezeitraum: Mitte September bis Anfang Oktober. Das Wachstum ist meist bis Mitte Oktober beendet. Die Pflanze stirbt dann ab.
Farbe: Dunkelgrün mit blassen hellen Längsstreifen.
Form: Ein kleiner bis mittlerer runder Kürbis der unten etwas spitz zuläuft, wie ein Herz. Leicht wellig und mit schwachen Längsrippen.
Stiel: ø 2-5 cm dick, graugrün mit gelb und weichen hellbraunen Korkzellen, 5-10 cm lang, mittelfest.
Gewicht: 1,5-3 kg.
Größe: Umfang 60-80 cm, ø 20-28 cm.
Fruchtfleisch: Dunkelgelb bis orange, das Kernhaus ist sehr groß, mittelfest bis fest.
Kern: 1,6 cm lang, 1 cm breit, Farbe weiß matt und mit einem dünnen Rand.
Wuchs: Ranken von 8 bis 10 m Länge.
Lagerzeit: 4-6 Monate.
Geschmack: Gutes Aroma.
Bewertung: Ein empfehlenswerter Speisekürbis mit hohem Dekorationswert.
Verwendung: Für Suppen, Gemüse, zum Anbraten, im Backofen garen, Pies, Gratins, Chutneys, süßsauer eingelegt, Kuchen und Konfitüre.
Anmerkung: Durch seine Herzform auch ein sehr ansprechender Dekokürbis.

Green Hubbard

Cucurbita maxima

Erntezeitraum: Anfang September bis Anfang Oktober. Das Wachstum ist meist Mitte Oktober beendet. Die Pflanze stirbt dann ab.
Farbe: Dunkelgrün bis fast schwarz. Teilweise verwaschen, glänzend oder matt, mit hellen zarten Längsstreifen.
Form: Ein ovaler mittelgroßer Kürbis wie ein Rugbyball. An beiden Seiten spitz zulaufend und am Ende ein Knopf oder Zapfen. Er ist mehr oder weniger wellig, genoppt und leicht gerippt.
Stiel: ø 3-6 cm dick, graugrün mit gelb, mit weichen, hellbraunen Korkzellen, 5-8 cm lang, mittelfest.
Gewicht: 3,5-9 kg.
Größe: Länge 35-45 cm, Umfang 65-85 cm.
Fruchtfleisch: Dunkelgelb bis orange, das Kernhaus ist sehr groß, mittelfest bis fest.
Kern: 1,8 cm lang, 1 cm breit, Farbe weiß matt und mit einem dünnen Rand.
Wuchs: Ranken von 4 bis 8 m Länge.
Lagerzeit: 4-8 Monate.
Geschmack: Gutes Aroma.
Bewertung: Ein empfehlenswerter Speisekürbis mit hohem Dekorationswert.
Verwendung: Für Suppen, Gemüse, zum Anbraten, im Backofen garen, Pies, Gratins, Chutneys, süßsauer eingelegt, Kuchen und Konfitüre.
Anmerkung: Bekannte amerikanische Sorte mit einer nicht alltäglichen Form und einer guten Haltbarkeit; daher eignet er sich besonders für ausgefallene Dekorationen.

Grüner Hokkaido 🎃🎃🎃

Cucurbita maxima

(Sweet Mama)

Erntezeitraum: Anfang bis Ende September. Das Wachstum ist meist Anfang Oktober beendet. Die Pflanze stirbt dann ab.
Farbe: Dunkelgrün mit regelmäßigen hellgrauen dünnen Längsstreifen.
Form: Ein kleiner flachrunder Kürbis mit einem hellbraunen Knopf am Ende. Leicht wellig und mit Längsrippen.
Stiel: 1,5-4 cm dick, graugrün mit gelb und weichen, hellbraunen Korkzellen, 4-8 cm lang, mittelfest.
Gewicht: 0,5-2 kg.
Größe: Umfang 50-60 cm, ø 15-20 cm.
Fruchtfleisch: Dunkelorange, mittelfest. Muss nicht geschält werden, Schale verkocht mit dem Fruchtfleisch.
Kern: 1,5 cm lang, 0,8 cm breit, Farbe hellbraun glatt, leicht glänzend, etwas bauchig und mit einem dünnen beigen Rand.
Wuchs: Erst buschig, dann Ranken von 3 – 5 m Länge.
Lagerzeit: 4-6 Monate.
Geschmack: Sehr gutes Aroma mit einem leichten Muskatgeschmack.
Bewertung: Sehr empfehlenswerter Speisekürbis. (🎃🎃🎃)
Verwendung: Für Suppen, Gemüse, im Backofen garen, Pies, Gratins, Chutneys, Kuchen und Konfitüre.
Anmerkung: Größe, Form und Aroma machen ihn zu einem interessanten Speisekürbis für den Garten. Nach längerer Lagerung können helle trockene Stellen im Fruchtfleisch entstehen.

Hörnchenkürbis 🎃🎃

Cyclanthera pedata

(Korila)

Erntezeitraum: Mitte August bis zum ersten Frost. Wachstum und Fruchtansatz bleiben bis zum Frost voll erhalten.
Farbe: Grün.
Form: Sehr winzige kleine Hörnchen.
Stiel: ø 0,2-0,4 cm dünn, grün wie der Kürbis, 0,2-0,5 cm lang, weich.
Gewicht: 0,02-0,04 kg.
Größe: Länge 2-4 cm, Umfang 4-6 cm.
Fruchtfleisch: Grün, weich.
Kern: 1,3 cm lang, 0,6 cm breit, Farbe schwarz matt und viereckig mit einem kleinen Zapfen.
Wuchs: Eine Kletterpflanze, die ein Rankgerüst benötigt. Im Freiland wächst er mit 4 bis 5 m Länge weniger kräftig. Im ungeheizten Treibhaus ist der Wuchs sehr stark mit zahllosen Verzweigungen. Ein kleines Treibhaus von 3 x 2,5 m reicht für 2 Pflanzen nicht aus. Sie wachsen aus Fenster und Tür. Im Innern des Treibhauses braucht man dann fast ein Buschmesser.
Lagerzeit: 1-3 Tage.
Geschmack: Ähnlich einer Gurke.
Bewertung: Ein nicht alltäglicher, kleiner, empfehlenswerter Speisekürbis. (🎃🎃)
Verwendung: Wie Essiggurken oder Mixed Pickles einlegen, oder roh in einen grünen Salat schneiden.
Anmerkung: Er ist der kleinste Speisekürbis mit wunderschönen, filigranen, duftenden Blütenrispen. Die Früchte müssen unbedingt in Olivengröße geerntet werden, sonst schmecken sie fade und sind holzig. Die Ern-

Howden

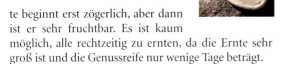

Jack be little

te beginnt erst zögerlich, aber dann ist er sehr fruchtbar. Es ist kaum möglich, alle rechtzeitig zu ernten, da die Ernte sehr groß ist und die Genussreife nur wenige Tage beträgt.

Howden 🎃

Cucurbita pepo

Erntezeitraum: „Mitte September bis Anfang Oktober. Das Wachstum ist meist bis Mitte Oktober beendet, die Pflanze stirbt dann ab.
Farbe: Zuerst dunkelgrün/orange, später orange bis orangerot.
Form: Ein großer ovalrunder Kürbis mit schwachen, länglichen Rippen.
Stiel: ø 1-3 cm dünn, dunkelgrün, längs gerippt und leicht gedreht, 10-15 cm lang, hart.
Gewicht: 4-15 kg.
Größe: Länge 35-60 cm, Umfang 65-100 cm, ø 30-60 cm.
Fruchtfleisch: Hellgelb bis orange, fasrig, wässrig, das Kernhaus ist sehr groß, mittelfest.
Kern: 1,8 cm lang, 1 cm breit, Farbe beige matt mit einem dünnen Rand.
Wuchs: Ranken bis zu 15 m Länge oder mehr, mit großen gelappten Blättern von 40 bis 50 cm ø.
Lagerzeit: 2-4 Monate.
Geschmack: Wenig aromatisch.
Bewertung: Als Speisekürbis wenig zu empfehlen. (🎃)
Verwendung: Auf Grund seines wenig aromatischen Geschmack höchsten für Suppen und Konfitüre zu empfehlen.

Anmerkung: Aufgrund seiner Größe, Form, das mittelfeste Fruchtfleisch und sein großes Kernhaus eignet er sich ideal zum Aushöhlen und Schnitzen. Also ein „Trendkürbis" für Kürbisgeister; beispielsweise bei Kindergeburtstagen und Kürbisfesten wie Halloween.

Jack be little 🎃🎃🎃

Cucurbita pepo
(Mandarin, Sweet Pie)
Erntezeitraum: Ende August bis Anfang Oktober. Das Wachstum ist meist Mitte Oktober beendet. Die Pflanze stirbt dann ab.
Farbe: Dunkelgelb bis orange.
Form: Ein sehr kleiner, flachrunder Kürbis mit starken, länglichen Rippen.
Stiel: ø 0,5-1 cm dünn, dunkelgrün, längs gerippt, 5-10 cm lang, hart.
Gewicht: 0,2-0,8 kg.
Größe: Umfang 30-40 cm, ø 9-13 cm.
Fruchtfleisch: Hellgelb, mittelfest. Der Kürbis muss nicht geschält werden, was bei dieser Form und Größe von Vorteil ist. Die Schale verkocht mit dem Fruchtfleisch.
Kern: 1,3 cm lang, 0,7 cm breit, Farbe schwach hellbraun matt.
Wuchs: Ranken von 2 bis 4 m Länge mit wenigen kleinen gelappten Blättern. Die Früchte hängen aufgereiht wie eine Perlenkette an den Ranken.
Lagerzeit: 4-5 Monate, danach kann er austrocknen.
Geschmack: Feines Esskastanienaroma.

Jack O'Lantern

Jaspee de Vendee

Bewertung: Ein feiner, kleiner, empfehlenswerter Speisekürbis mit hohem Dekorationswert. (🎃🎃🎃)
Verwendung: Im Backofen garen, ideal zum Füllen oder das Fruchtfleisch roh und ungeschält wie Bratkartoffeln zubereiten.
Anmerkung: Auch ein beliebter kleiner Dekokürbis, der sich gut zum Bemalen eignet.

Jack O'Lantern 🎃

Cucurbita pepo

(St. Martin, Tom Fox, Halloween)
Erntezeitraum: Mitte September bis Anfang Oktober. Das Wachstum ist bis Mitte Oktober beendet. Die Pflanze stirbt dann ab.
Farbe: Zuerst grünorange, später orange bis orangerot.
Form: Ein ovalrunder, mittelgroßer Kürbis mit flachen Längsrippen.
Stiel: ø 1-3,5 cm dick, dunkelgrün mit Längsrippen, 5-8 cm lang, hart.
Gewicht: 3-7 kg.
Größe: Umfang 70-90 cm, ø 20-30 cm.
Fruchtfleisch: Hellgelb bis gelb, leicht fasrig, wässrig, das Kernhaus ist sehr groß, mittelfest.
Kern: 1,3 cm lang, 0,8 cm breit, Farbe beige matt und mit einem dünnen Rand.
Wuchs: Ranken von 5 bis 9 m Länge. Teilweise auch buschig und mit kurzen Ranken von 2 bis 3 m Länge. Mit großen gelappten Blättern bei beiden Wuchsarten.
Lagerzeit: 2-3 Monate.
Geschmack: Neutrales Aroma.

Bewertung: Als Speisekürbis wenig zu empfehlen. (🎃)
Verwendung: Aufgrund seines wenig aromatischen Geschmacks höchstens für Suppen oder Konfitüre zu empfehlen.
Anmerkung: In Amerika besonders beliebt.

Jaspee de Vendee 🎃🎃

Cucurbita pepo

(Melonenkürbis, Melonnette)
Erntezeitraum: Mitte August bis Ende September. Das Wachstum ist meist bis Anfang Oktober beendet. Die Pflanze stirbt dann ab.
Farbe: Mattes gelb mit winzigen, hellbraunen Pünktchen, die Schale ist dadurch etwas rauh.
Form: Ein kleiner, ovalrunder Kürbis mit fast gleichmäßig großen Früchten.
Stiel: ø 1,5-4 cm dick, grünbraun, längs gerippt, 4-6 cm lang, mittelfest.
Gewicht: 0,5-1,5 kg.
Größe: Länge 12-20 cm, Umfang 50-60 cm, ø 15-20 cm.
Fruchtfleisch: Hellgelb bis gelb, mittelfest.
Kern: 1,5 cm lang, 1 cm breit, Farbe beige matt und mit einem dünnen Rand.
Wuchs: Ranken von 4 bis 6 m Länge. Teilweise auch buschig wie eine Zucchini.
Lagerzeit: 2-4 Monate.
Geschmack: Gutes Aroma mit schwachem Melonengeschmack.
Bewertung: Ein empfehlenswerter Speisekürbis. (🎃🎃)
Verwendung: Für Suppen, sehr gut zum Anbraten, im

Langer aus Nizza

Lumina

Backofen garen, Pies, Gratins, Chutneys, Kuchen, Desserts und Konfitüre.
Anmerkung: Dank seiner Größe, Form, das mittelfeste Fruchtfleisch und das große Kernhaus eignet er sich ideal zum Aushöhlen und Schnitzen. Ein „Trendkürbis" für Kürbisgeister bei Kindergeburtstagen und Kürbisfesten.

Langer aus Nizza

Cucurbita moschata

Erntezeitraum: Mitte September bis Anfang Oktober. Das Wachstum ist meist bis Mitte Oktober beendet. Die Pflanze stirbt dann ab.
Farbe: Hellbraun mit hell- und dunkelgrünen, unregelmäßigen verwaschenen Streifen.
Form: Ein sehr langer dicker Kürbis, am Ende etwas bauchig.
Stiel: ø 0,5-1 cm dünn, grünbraun, 2-4 cm lang, hart.
Gewicht: 3-10 kg.
Größe: Länge 50-100 cm, Umfang 40-60 cm.
Fruchtfleisch: Dunkelgelb bis orange, mittelfest. Das kleine Kernhaus befindet sich nur im verdickten Ende, dadurch besitzt er einen hohen Fruchtfleischanteil.
Kern: 1,5 cm lang, 0,8 cm breit, Farbe beige matt und mit einem dünnen Rand.
Wuchs: Ranken von 5 bis 8 m Länge.
Lagerzeit: 6-9 Monate.
Geschmack: Feines Aroma mit einer leicht nussigen Note.
Bewertung: Ein sehr empfehlenswerter Speisekürbis mit hohem Dekorationswert.

Verwendung: Zu Suppen, Gemüse, sehr gut zum Anbraten, wie ein Schnitzel panieren und zubereiten, im Backofen garen, Pies, Gratins, Chutneys, süßsauer eingelegt, Kuchen und Konfitüre.
Anmerkung: Ein Allroundkürbis mit einer außergewöhnlichen Form. Bei der Lagerung wandelt sich seine Farbe und wird langsam gleichmäßig hellbraun. Das Aroma wird dabei intensiver.

Lumina

Cucurbita maxima

Erntezeitraum: Mitte September bis Mitte Oktober. Das Wachstum ist dann meist beendet und die Pflanze stirbt ab.
Farbe: Weiß glänzend.
Form: Ein runder bis flachrunder, mittelgroßer Kürbis.
Stiel: ø 1,5-5 cm dick, graugrün mit gelb und weichen, hellbraunen Korkzellen, 4-7 cm lang, mittelfest.
Gewicht: 3-6 kg.
Größe: Umfang 75-90 cm, ø 24-35 cm.
Fruchtfleisch: Dunkelgelb bis orange, mittelfest bis fest.
Kern: 1,7 cm lang, 1,2 cm breit, Farbe weiß matt und mit einem dünnen hellbraunen Rand.
Wuchs: Ranken von 4 bis 7 m Länge.
Lagerzeit: 3-6 Monate.
Geschmack: Sehr gutes Aroma.
Bewertung: Sehr empfehlenswerter Speisekürbis.
Verwendung: Zu Suppen, Gemüse, im Backofen garen, Pies, Gratins, Chutneys, süßsauer eingelegt, Kuchen und Konfitüre.

Muskatkürbis

Napolitaner Kürbis

Anmerkung: Für den Garten geeigneter Kürbis. Etwas ungünstig ist nur seine Größe, da er gleich für 3 bis 5 Mahlzeiten ausreicht.

Muskatkürbis

Cucurbita moschata
(Muscat de Provence, Französischer Muskatkürbis)
Erntezeitraum: Mitte September bis Mitte Oktober. Das Wachstum ist dann beendet. Die Pflanze stirbt ab.
Farbe: Dunkelgrün mit braunen Verfärbungen, bereift. Nach vollständiger Ausreifung ganzflächig terrakottafarbig.
Form: Ein mittlerer bis großer flachrunder Kürbis mit ausgeprägten, tiefen Rippen.
Stiel: ø 0,5-1 cm dünn, grünbraun, 2-4 cm lang, hart.
Gewicht: 3-15 kg.
Größe: Umfang 70-130 cm, ø 20-45 cm.
Fruchtfleisch: Leuchtend dunkelorange, samtig, weich.
Kern: 2 cm lang, 1 cm breit, Farbe mittelbraun matt und mit einem dünnen Rand.
Wuchs: Ranken von 5 bis 10 m Länge.
Lagerzeit: 4-8 Monate.
Geschmack: Sehr feines delikates Muskataroma.
Bewertung: Hocharomatischer, empfehlenswerter Speisekürbis.
Verwendung: Bestens geeignet für feine Suppen, Gemüse, Desserts und Konfitüre. Sonst nicht so gut zu verwenden, da das Fruchtfleisch rasch zerfällt.
Anmerkung: Ein bekannter Muskatkürbis für Feinschmecker, er ist in Frankreich weit verbreitet. Eine Suppe oder ein Gemüse ist ein besonderer Genuss. Durch seine lange Vegetation eignet er sich nur für ein Weinbauklima. Bei der Lagerung färbt er sich langsam und gleichmäßig rotbraun. Das Aroma wird dabei noch intensiver.

Napolitaner Kürbis

Cucurbita moschata

Erntezeitraum: Ende September bis Mitte Oktober. Das Wachstum ist dann meist beendet. Die Pflanze stirbt ab.
Farbe: Grüngelb mit teilweise verwaschenen Streifen, mit zunehmender Reife gelblich bis ockerfarben.
Form: Ein großer birnenförmiger Kürbis.
Stiel: ø 0,5-1,5 cm dünn, grünbraun, 2-4 cm lang, hart.
Gewicht: 3-15 kg.
Größe: Länge 50-60 cm, Umfang 50-70 cm.
Fruchtfleisch: Dunkelgelb bis orange, mittelfest. Das kleine Kernhaus befindet sich nur im verdickten Ende, dadurch besitzt er einen hohen Fruchtfleischanteil.
Kern: 1,8 cm lang, 1 cm breit, Farbe beige matt, etwas rauh und mit einem dünnen Rand.
Wuchs: Ranken von 5 bis 7 m Länge.
Lagerzeit: 3-6 Monate.
Geschmack: Feines Aroma mit Muskatgeschmack.
Bewertung: Ein sehr empfehlenswerter Speisekürbis mit hohem Dekorationswert.
Verwendung: Für Suppen, Gemüse, im Backofen garen, Desserts und Konfitüre.
Anmerkung: Außergewöhnlicher Dekokürbis. Bei län-

gerer Lagerung verblassen die Streifen langsam, die Schale färbt sich ganzflächig braun. Das Aroma wird noch intensiver.

North Georgia 🎃🎃🎃

Cucurbita maxima

Erntezeitraum: Mitte September bis Anfang Oktober. Das Wachstum ist meist bis Mitte Oktober beendet. Die Pflanze stirbt dann ab.
Farbe: Rosa oder rosabraun. Am Ende teilweise zarte hellgrüne Streifen.
Form: Ein mittelgroßer, bauchiger Kürbis. Er variiert sein Aussehen von einer dicken Banane bis zu einer bauchigen Flasche.
Stiel: ø 2-4 cm dick, graugrün mit gelb und mit weichen, hellbraunen Korkzellen, 4-7 cm lang, mittelfest.
Gewicht: 3-7 kg.
Größe: Länge 35-45 cm, Umfang 45-70 cm.
Fruchtfleisch: Gelb bis dunkelgelb, mittelfest.
Kern: 1,6 cm lang, 1 cm breit, Farbe beige glatt und bauchig
Wuchs: Ranken von 4 bis 7 m Länge.
Lagerzeit: 3-6 Monate.
Geschmack: Ein sehr gutes Aroma.
Bewertung: Ein empfehlenswerter Speisekürbis. (🎃🎃🎃)
Verwendung: Für Suppen, Gemüse, zum Anbraten, im Backofen garen, Pies, Gratins, Chutneys, süßsauer eingelegt, Kuchen und Konfitüre.
Anmerkung: Auch ein schöner Dekokürbis durch seine unterschiedlichen Formen.

Olive 🎃🎃🎃

Cucurbita maxima

Erntezeitraum: Anfang bis Mitte Oktober. Das Wachstum ist dann meist beendet. Die Pflanze stirbt ab.
Farbe: Olivgrün bis dunkelbraun, mit dünnen, verwaschenen, hellen Streifen.
Form: Ein mittelgroßer, ovalrunder Kürbis. Oben und unten etwas spitz zulaufend wie eine Olive.
Stiel: ø 3-5 cm dick, graugrün mit weichen, hellbraunen Korkzellen, 5-7 cm lang, mittelfest.
Gewicht: 2-6 kg.
Größe: Länge 20-40 cm, Umfang 45-80 cm.
Fruchtfleisch: Dunkelgelb bis orange, mittelfest.
Kern: 2,2 cm lang, 1,2 cm breit, Farbe mittelbraun glatt und etwas bauchig.
Wuchs: Ranken von 4 bis 7 m Länge.
Lagerzeit: 3-7 Monate.
Geschmack: Sehr feines Aroma mit einem leichten Muskatgeschmack.
Bewertung: Ein sehr empfehlenswerter Speisekürbis mit hohem Dekorationswert. (🎃🎃🎃)
Verwendung: Für Suppen, Gemüse, im Backofen garen, Pies, Gratins, Chutneys, Kuchen und Konfitüre.
Anmerkung: Eine alte französische Sorte für Feinschmecker, die sich wieder großer Beliebtheit erfreut. Durch seinen hohen Wärmebedarf eignet er sich nur für ein Weinbauklima. Bei längerer Lagerung wandelt sich seine Farbe in ein ganzflächiges Rotbraun. Das Aroma wird dabei noch intensiver. Durch seine Form auch ein interessanter Dekokürbis.

Pepita

Peruanischer Kürbis

Pepita 🎃

Cucurbita mixta

Erntezeitraum: Mitte September bis Anfang Oktober. Das Wachstum ist meist Mitte Oktober beendet. Die Pflanze stirbt dann ab.
Farbe: Weiß mit unregelmäßigen grünen Streifen, etwas marmoriert.
Form: Ein kleiner bis mittlerer, runder Kürbis, wie ein Ball.
Stiel: ø 2-3 cm dick, dunkelgrün mit länglichen Rippen, 4-8 cm lang, hart.
Gewicht: 1-4 kg.
Größe: Länge 25-30 cm, Umfang 60-70 cm, ø 18-24 cm.
Fruchtfleisch: Creme bis hellgelb, mit einem großen Kernhaus, mittelfest.
Kern: 2,5 cm lang, 1,5 cm breit, Farbe weiß, etwas glänzend und mit einem breiten olivgrünen Rand.
Wuchs: Ranken von 4 von 7 m Länge.
Lagerzeit: 3-6 Monate.
Geschmack: Neutrales Aroma.
Bewertung: Ein wenig empfehlenswerter Speisekürbis, aber mit einem hohen Dekorationswert. (🎃)
Verwendung: Wenig aromatischer Geschmack.
Anmerkung: Auch ein interessanter, ausgefallener Dekokürbis.

Peruanischer Kürbis 🎃🎃🎃

Cucurbita maxima

(Peruaner)
Erntezeitraum: Mitte September bis Anfang Oktober. Das Wachstum ist meistens bis Mitte Oktober beendet. Die Pflanze stirbt dann ab.
Farbe: Dunkelgrün glänzend.
Form: Ein mittlerer bis sehr großer, ovalrunder Kürbis mit schwachen Rippen. Seine Form kann immer etwas variieren.
Stiel: ø 4-7 cm dick, graugrün mit gelb und mit weichen hellbraunen Korkzellen, 4-8 cm lang, mittelfest.
Gewicht: 4-20 kg.
Größe: Länge 30-60 cm, Umfang: 60-120 cm, ø 20-40 cm.
Fruchtfleisch: Hellorange, mit einem großen Kernhaus, mittelfest.
Kern: 2,2 cm lang, 1,2 cm breit, Farbe mittelbraun glatt, glänzend und etwas bauchig.
Wuchs: Ranken von 5 bis 9 m Länge.
Lagerzeit: 3-4 Monate.
Geschmack: Ein sehr gutes Kürbisaroma.
Bewertung: Ein sehr empfehlenswerter Speisekürbis. (🎃🎃🎃)
Verwendung: Zu Suppen, Gemüse, zum Anbraten, im Backofen garen, Pies, Gratins, Chutneys, süßsauer eingelegt, Kuchen und Konfitüre.
Anmerkung: Die Größe der Früchte variiert sehr stark von mittel bis sehr groß.

Rolet

Rosa Riesenbanane

Rolet 🎃🎃

Cucurbita pepo

Erntezeitraum: Anfang September bis Anfang Oktober. Das Wachstum ist meist Mitte Oktober beendet. Die Pflanze stirbt dann ab.
Farbe: Dunkelgrün, oft mit einem gelben Fleck.
Form: Ein sehr kleiner, runder Kürbis wie ein Tennisball.
Stiel: ø 0,5-1,5 cm dünn, dunkelgrün mit Längsrippen, 4-7 cm lang, hart.
Gewicht: 0,2-0,5 kg.
Größe: Umfang 22-25 cm, ø 5-8 cm.
Fruchtfleisch: Cremeweiß bis hellgelb, mittelfest.
Kern: 1 cm lang, 0,6 cm breit, Farbe beige matt und mit einem sehr dünnen Rand.
Wuchs: Ranken von 2 bis 4 m Länge mit wenigen, kleinen gelappten Blättern. Die Früchte hängen aufgereiht wie eine Perlenkette an den Ranken.
Lagerzeit: 3-7 Monate.
Geschmack: Gutes Aroma.
Bewertung: Ein empfehlenswerter kleiner Speisekürbis. (🎃)
Verwendung: Zum Anbraten, im Backofen garen, bestens zum Füllen geeignet, Pies und Gratins.
Anmerkung: Eine bekannte, südafrikanische Sorte. Auch ein kleiner schöner Dekokürbis. Vorsicht: Nicht in unmittelbarer Nähe von Zierkürbissen aussäen, da er sich dann äußerlich kaum unterscheiden lässt.

Rosa Riesenbanane 🎃🎃

Cucurbita maxima

Erntezeitraum: Mitte September bis Anfang Oktober. Das Wachstum ist meist bis Mitte Oktober beendet (je nach Witterung). Die Pflanze stirbt dann ab.
Farbe: Rosa bis hellbraun.
Form: Wie eine sehr große, dicke Banane mit schwachen Längsrippen.
Stiel: ø 2-4 cm dick, graugrün mit gelb und mit weichen hellbraunen Korkzellen, 2-5 cm lang, mittelfest.
Gewicht: 6-20 kg.
Größe: Länge 35-70 cm, Umfang 55-85 cm.
Fruchtfleisch: Dunkelgelb bis orange, mittelfest.
Kern: 2 cm lang, 1,3 cm breit, Farbe hellbraun glatt, etwas bauchig und glänzend.
Wuchs: Ranken von 5 bis 8 m Länge.
Lagerzeit: 4-6 Monate.
Geschmack: Ein gutes Aroma.
Bewertung: Ein empfehlenswerter Kürbis mit einem hohen Dekorationswert. (🎃🎃)
Verwendung: Für Suppen, Gemüse, zum Anbraten, im Backofen garen, Pies, Gratins, Chutneys, süßsauer eingelegt, Kuchen und Konfitüre.
Anmerkung: Auch ein schöner, großer, dekorativer Kürbis mit einer nicht alltäglichen Form.

Roter Hokkaido 🎃🎃🎃

Cucurbita maxima

(Red Kuri, Uchicki Kuri, Roter Potimarron)
Erntezeitraum: Mitte August bis Ende September. Das

Speisekürbisse von A bis Z

Roter Hokkaido

Roter Zentner

Wachstum ist bis Anfang Oktober beendet. Die Pflanze stirbt dann ab.
Farbe: Leuchtend dunkelorange bis orangerot, etwas glänzend.
Form: Ein kleiner, runder Kürbis, nach oben etwas spitz zulaufend, tropfen- oder zwiebelförmig, leicht wellig.
Stiel: 1,5-4 cm dick, graugrün mit gelb und weichen hellbraunen Korkzellen, 4-8 cm lang, mittelfest.
Gewicht: 0,5-2 kg.
Größe: Umfang 45-55 cm, ø 13-18 cm.
Fruchtfleisch: Dunkelorange, das Kernhaus ist sehr groß, mittelfest. Der Kürbis muss nicht geschält werden, die Schale verkocht sich mit dem Fruchtfleisch.
Kern: 1,5 cm lang, 1 cm breit, Farbe schwach hellbraun glatt und etwas glänzend.
Wuchs: Ranken von 3 bis 5 m Länge.
Lagerzeit: 2-5 Monate.
Geschmack: Sehr gutes Aroma mit einem leichten Muskatgeschmack.
Bewertung: Ein sehr empfehlenswerter Speisekürbis. (☺☺☺)
Verwendung: Zu Suppen, Gemüse, im Backofen garen, Pies, Gratins, Chutneys, Kuchen und Konfitüre.
Anmerkung: Eine bekannte japanische Sorte. In den letzten Jahren hat er sich zu einem richtigen Trendkürbis entwickelt. Durch Größe, Form und Aroma auch ein interessanter Speisekürbis für den Garten. Bei längerer Lagerung können helle, trockene Stellen im Fruchtfleisch entstehen. Nach Ausschneiden dieser Partien kann er wie gewohnt verarbeitet werden.

Roter Zentner ☺☺☺
Cucurbita maxima

(Roter Kürbis, Rouge vif d´Etampes)
Erntezeitraum: Anfang September bis Anfang Oktober. Bis Mitte Oktober stellt die Pflanze das Wachstum ein und stirbt ab.
Farbe: Leuchtend intensives orangerot oder verwaschen, teilweise mit gelben Stellen. Auch mit hellen Längsstreifen und hellbraunen Narben.
Form: Ein mittlerer bis sehr großer flachrunder Kürbis mit Rippen. Teilweise mit verschieden großen Rosetten oder nur mit einem Knopf.
Stiel: ø 3-5 cm dick, graugrün mit gelb und weichen hellbraunen Korkzellen, 5-9 cm lang, mittelfest.
Gewicht: 3-15 kg.
Größe: Umfang 70-110 cm, ø 25-35 cm.
Fruchtfleisch: Orangegelb, mittelfest.
Kern: 2 cm lang, 1,2 cm breit, Farbe creme matt und mit einem dünnen Rand.
Wuchs: Ranken von 8 bis 15 m Länge.
Lagerzeit: 3-4 Monate.
Geschmack: Ein gutes Aroma mit einem schwachen Muskatgeschmack.
Bewertung: Sehr empfehlenswerter Speisekürbis. (☺☺☺)
Verwendung: Zu Suppen, Gemüse, zum Anbraten, im Backofen garen, Pies, Gratins, Chutneys, sehr zu empfehlen für süßsaure Konserven, Kuchen und Konfitüre.
Anmerkung: Eine alte französische Sorte, die auch bei uns in den Gärten zu finden ist. An diesem Kürbis kann man das Herbstwetter ablesen: Je intensiver die Färbung, desto mehr Sonnentage.

Runder Nizzakürbis

Siamkürbis

Runder Nizzakürbis 🎃🎃

Cucurbita pepo

(Tondo chiaro de Nizza)
Erntezeitraum: Ende August bis Ende September. Durch ständiges Ernten wird der Fruchtansatz verstärkt. Reife Früchte schnellstmöglich ernten, da sie sonst am Stielansatz faulen können. Das Wachstum ist meist bis Anfang Oktober beendet. Die Pflanze stirbt dann ab.
Farbe: Grün, später gelb mit dunkelgrünen Streifen und hellen Punkten.
Form: Ein kleiner runder Kürbis wie ein Ball, jedoch am Stielansatz mit leichten Rippen.
Stiel: ø 2-4 cm dick, graugrün mit Längsrippen, 2-4 cm lang, fest.
Gewicht: 0,5-1,5 kg.
Größe: Länge 15-20 cm, Umfang 40-50 cm, ø 13-17 cm.
Fruchtfleisch: Hellgelb, mittelfest.
Kern: 1,5 cm lang, 0,7 cm breit, Farbe beige matt und mit einem dünnen Rand.
Wuchs: Buschig wie eine Zucchini. Die Früchte wachsen wie ein Kranz um den mittleren Trieb. Teilweise bekommt die Pflanze auch kurze Ranken von 1 m Länge.
Lagerzeit: 3-4 Monate.
Geschmack: Gutes Aroma mit einem leichten Melonengeschmack.
Bewertung: Ein empfehlenswerter Speisekürbis. (🎃🎃)
Verwendung: Zum Anbraten, im Backofen garen, zum Füllen, Pies, Gratins, Chutneys, Kuchen, Desserts und Marmelade.
Anmerkung: Durch seine Größe, Form und das mittelfeste Fruchtfleisch ein idealer Kürbis zum Aushöhlen und Schnitzen.

Siamkürbis 🎃

Cucurbita ficifolia

(Siamesische Kugel)
Erntezeitraum: Ende September bis Mitte Oktober. Das Wachstum der Pflanze bleibt bis zum ersten Frost voll erhalten.
Farbe: Hellgrün, grün und cremefarben marmoriert.
Form: Mittelgroßer runder Speisekürbis wie ein Ball.
Stiel: ø 1,5-2 cm dünn, graugrün mit Längsrippen, 4-8 cm lang, hart.
Gewicht: 2,5-3,5 kg.
Größe: Länge 18-21 cm, Umf. 54-65 cm, ø 15-20 cm.
Fruchtfleisch: Weiß, fasrig, wässrig, mittelfest. Es zerfällt beim Kochen und Backen in Fäden wie Spagetti.
Kern: 1,7 cm lang, 1 cm breit, Farbe braunschwarz matt mit einem sehr dünnen Rand.
Wuchs: Ranken von 6 bis 10 m Länge.
Lagerzeit: 4-12 Monate, teilweise auch länger.
Geschmack: Neutrales Aroma.
Bewertung: Kein empfehlenswerter Speisekürbis, aber mit einem hohen Dekorationswert. (🎃)
Verwendung: Etwa 20 Minuten in Salzwasser kochen, zuvor den Kürbis teilen und die Kerne entfernen. Oder etwa 40 Minuten im Backofen garen, dazu den ganzen Kürbis backen und vorher mehrmals einstechen, sonst explodiert er. Danach kann nach beiden Zubereitungsarten das Fruchtfleisch von der Schale gelöst werden, es zerfällt in Fäden wie Spagetti. Mit Tomaten- oder Hackfleischsoße servieren.
Anmerkung: Sehr dekorativer Kürbis mit langer Haltbarkeit. Er wird als Veredlungsunterlage für den Gurkenanbau unter Glas verwendet, da er sehr krankheits-

Speisekürbisse von A bis Z

Snow Delight

Spagettikürbis

resistent ist. Angeblich brachte der König von Siam diese Sorte mit nach Frankreich. Daraus wurde früher die berühmte Engelshaarmarmelade gekocht.

Snow Delight 🎃🎃🎃
Cucurbita maxima

Erntezeitraum: Ende August bis Ende September. Das Wachstum ist meist Anfang Oktober beendet. Die Pflanze stirbt dann ab.
Farbe: Hellgrau bis stahlblau, leicht glänzend. Teilweise mit hellbraunen Verwachsungen.
Form: Ein kleiner, flachrunder Kürbis, am Ende mit einer kleinen Rosette oder einem Knopf. Leicht wellig und mit schwachen Längsrippen.
Stiel: ø 1,5-4 cm dick, graugrün mit gelb und weichen hellbraunen Korkzellen, 5-10 cm lang, mittelfest.
Gewicht: 0,5-2 kg.
Größe: Umfang 50-60 cm, ø 15-20 cm.
Fruchtfleisch: Dunkelorange, mittelfest. Muss nicht geschält werden, denn die Schale verkocht mit dem Fruchtfleisch.
Kern: 1,5 cm lang, 1 cm breit, Farbe hellbraun matt, genarbt und etwas bauchig.
Wuchs: Ranken von 4 bis 6 m Länge.
Lagerzeit: 3-4 Monate.
Geschmack: Sehr gutes Aroma mit einem schwachen Muskatgeschmack.
Bewertung: Sehr empfehlenswerter Speisekürbis. (🎃🎃🎃)
Verwendung: Für Suppen, Gemüse, im Backofen garen, Pies, Gratins, Chutneys, Kuchen und Konfitüre.
Anmerkung: Durch seine Größe, Form und sein Aroma ein interessanter Speisekürbis für den Garten. Bei längerer Lagerung können helle, trockene Stellen im Fruchtfleisch entstehen. Nach Ausschneiden dieser Teile kann er wie gewohnt verarbeitet werden.

Spagettikürbis 🎃🎃
Cucurbita pepo

(Tivoli, Hasta la pasta, Vegetable Spagetti)
Erntezeitraum: Anfang September bis Anfang Oktober. Das Wachstum ist Mitte Oktober beendet. Die Pflanze stirbt dann ab.
Farbe: Meist hellgelb oder creme. Teilweise gelb mit verwaschenen grünen Streifen oder gepunktet.
Form: Ein kleiner bis mittlerer ovaler Kürbis, wie eine Walze.
Stiel: ø 1,5-2,5 cm dünn, graugrün, mit Längsrippen, 7-10 cm lang, hart.
Gewicht: 0,5-2 kg.
Größe: Länge 20-30 cm, Umfang 40-50 cm.
Fruchtfleisch: Creme bis hellgelb, fasrig, mittelfest. Es zerfällt beim Kochen oder Backen in Fäden wie Spagetti.
Kern: 1,5 cm lang, 0,8 cm breit, Farbe beige matt und mit einem dünnen Rand.
Wuchs: Ranken von 4 bis 6 m Länge oder buschig wie eine Zucchini.
Lagerzeit: 3-6 Monate.
Geschmack: Neutrales Aroma.

Squash 'Sunburst'

Steirischer Ölkürbis

Bewertung: Ein empfehlenswerter Speisekürbis. (☺☺)
Verwendung: Etwa 20 Minuten in Salzwasser kochen, zuvor den Kürbis teilen und die Kerne entfernen. Oder etwa 40 Minuten im Backofen garen, dazu den ganzen Kürbis backen und vorher mehrmals einstechen, da er sonst explodiert. Danach kann nach beiden Zubereitungsarten das Fruchtfleisch von der Schale gelöst werden, und es zerfällt in Fäden wie Spagetti. Mit Tomaten- oder Hackfleischsoße servieren.
Anmerkung: Eine bekannte japanische Sorte.

Squash ☺☺

Cucurbita pepo

(Ufo, Fliegende Untertasse, Patisson, Sputnik; teilweise auch Bischofs- oder Kaisermütze)
Bunter Squash, Farbe: Gelb, grün, weiß gestreift, gepunktet, marmoriert. **Custard White**, Farbe: Weiß. **Gelber Squash**, Farbe: Dunkelgelb. **Grüner Squash**, Farbe: Dunkelgrün, aber teilweise auch mit gelben Flecken.
Panachee, Farbe: Creme, mit unterschiedlichen grünen Streifen und Tupfen. **Sunburst**, Farbe: Dunkelgelb mit einem dunkelgrünen Auge.
Erntezeitraum: Mitte August bis Ende September. Durch ständiges Ernten wird der Fruchtansatz verstärkt. Reife Früchte schnellstmöglich ernten, da sie sonst am Stielansatz faulen können. Das Wachstum ist meist Anfang Oktober beendet. Die Pflanze stirbt dann ab.
Form: Flach wie ein Teller mit einem gewellten Rand; manchmal etwas bauchig.

Stiel: ⌀ 0,5-1,5 cm dünn, dunkelgrün, 7-12 cm lang, hart.
Gewicht: Unreif ab 0,1 kg. Reif bis 1 kg.
Größe: Umfang 22-45 cm, ⌀7-20 cm.
Fruchtfleisch: Unreif cremeweiß bis hellgelb, weich. Reif cremeweiß bis hellgelb, mittelfest.
Kern: 1,3 cm lang, 0,8 cm breit, Farbe beige, matt und mit einem sehr dünnen Rand.
Wuchs: Buschig wie eine Zucchini. Die Früchte wachsen wie ein Kranz um den Trieb.
Lagerzeit: Unreif wenige Tage. Reif 4-8 Monate.
Geschmack: Gutes Aroma.
Bewertung: Empfehlenswerter Speisekürbis, noch dazu mit einem besonders hohen Dekorationswert. (☺☺)
Verwendung: Zum Anbraten, im Backofen garen, Pies und Gratins.
Anmerkung: Für die Verwendung diverser Speisen muss er ganz klein und weich geerntet werden, da er so am besten schmeckt. Auch ein toller Dekokürbis, dann aber erst ernten, wenn die Schale fest ist und eine kräftige Farbe aufweist.

Steirischer Ölkürbis ☺

Cucurbita pepo

(Lady Godiva, Sepp, Herakles, Mandelkürbis, Gleisdorfer Ölkürbis, Comet, Triple Treat, Markant)
Erntezeitraum: Nicht vor Ende September, besser im Oktober. Sonst sind bei diesem Kürbis die wertvollen Samen nicht ausgereift. Die Pflanze stirbt meist Mitte Oktober ab.

Farbe: Goldgelb mit unregelmäßigen dunkelgrünen Streifen, etwas marmoriert.
Form: Ein mittlerer, ovalrunder Kürbis.
Stiel: ø 1-3 cm dick, graugrün mit Rippen, 4-8 cm lang, hart.
Gewicht: 0,8-5 kg.
Größe: Länge 20-35 cm, Umfang 50-70 cm, ø 15-25 cm.
Fruchtfleisch: Hellgelb, fasrig, wässrig, mittelfest.
Kern: 1,7 cm lang, 1 cm breit, Farbe dunkelgrün matt. Dieser Kürbis besitzt die schalenlosen Kerne, aus denen das bekannte steirische Kürbiskernöl gewonnen wird. Für 1 Liter Kürbiskernöl benötigt man rund 2,5 Kerne von etwa 25 reifen Kürbissen. Die nach Mandeln schmeckenden Kerne werden getrocknet oder geröstet in Salaten, Suppen, Desserts, Kuchen, Brot und Brötchen, zum Knabbern und für pharmazeutische Produkte verwendet. Das Hauptanbaugebiet für diese Kürbisse liegt in Asien und in der Steiermark. Die großen Kürbisfelder werden heute mit einer Kürbiskern-Erntemaschine gedroschen, wobei das wertlose Fruchtfleisch auf den Feldern verbleibt. Bei kleineren Mengen teilt man die Kürbisse mit einem Hackbeil und entnimmt die Kerne mit der Hand. Danach sofort waschen, um das anhaftende Kürbisfleisch, den Schleim und sonstige Fruchtrückstände zu entfernen. Die gewaschenen Kerne lassen sich dann leichter trocknen und aufbewahren. In kleinen Mengen kann man die Kerne auf einem Küchenpapier abtropfen lassen und danach auf eine Grill- Alufolie verteilen und am besten auf den Heizkörper oder in den Backofen zum Trocknen legen. Das Fett in den Kürbiskernen zählt zu den wertvollsten Pflanzenfetten. Sie enthalten Kalium, Phosphor, Kalzium, Magnesium, Eisen, Kupfer, Mangan, Selen, Zink, die Vitamine E, B1, B2, B6, C, A und D.
Wuchs: Ranken von 6 bis 9 m Länge.
Lagerzeit: 3-5 Monate.
Geschmack: Neutrales Aroma.
Bewertung: Als Speisekürbis uninteressant, aber wegen der schalenlosen Kerne ein sehr empfehlenswerter Kürbis mit hohem Dekorationswert.
Verwendung: Durch sein wenig aromatisches Fruchtfleisch nur für Suppen und Konfitüre geeignet.
Anmerkung: Aufgrund der Wärmeansprüche eignet er sich nur für ein Weinbauklima. Es empfiehlt sich, die Kerne in kleinen Töpfen bei über + 20° C vorzuziehen, da sie bei tieferen Temperaturen nicht keimen. Aufgrund seiner Größe, Form, seinem mittelfesten Fruchtfleisch und seinem großen Kernhaus eignet er sich ideal zum Aushöhlen und Schnitzen.

Sweet Dumpling

Sweet Dumpling
Cucurbita pepo

(Patidou)
Erntezeitraum: Mitte September bis Anfang Oktober. Das Wachstum ist meistens bis Mitte Oktober beendet. Die Pflanze stirbt dann ab.
Farbe: Creme. Mit unterschiedlichen grünen Streifen. Teilweise auch mit einem hellgelben Fleck.
Form: Ein sehr kleiner runder Kürbis mit Rippen. Um den Stiel mit einer Vertiefung und etwas kantig.
Stiel: ø 1-1,5 cm dünn, dunkelgrün, längs gerippt, 7-10 cm lang, hart.
Gewicht: 0,3-0,7 kg.
Größe: Länge 8-10 cm., Umfang 30-35 cm, ø 9-12 cm.
Fruchtfleisch: Cremeweiß, feinfasrig, mittelfest. Der Kürbis muss nicht geschält werden, was bei dieser Form und Größe von Vorteil ist. Die Schale verkocht sich mit dem Fruchtfleisch.
Kern: 1,2 cm lang, 0,5 cm breit, Farbe creme matt und mit einem dünnen Rand.
Wuchs: Ranken von 4 bis 6 m Länge.
Lagerzeit: 2-4 Monate.
Geschmack: Feines Esskastanienaroma.
Bewertung: Ein sehr empfehlenswerter Speisekürbis mit einem hohen Dekorationswert.
Verwendung: Im Backofen garen, sehr gut geeignet zum Füllen oder das Fruchtfleisch roh und ungeschält wie Bratkartoffeln zubereiten, Pies und Gratins.
Anmerkung: Auch ein sehr beliebter kleiner Dekokürbis, der meistens mit einem Zierkürbis verwechselt wird.

Tancheese

Tondo Pendana

Tancheese 🎃🎃🎃🎃

Cucurbita moschata

Erntezeitraum: Mitte September bis Anfang Oktober. Das Wachstum ist meist bis Mitte Oktober beendet. Die Pflanze stirbt dann ab.
Farbe: Mittelbraun bis sandbraun.
Form: Ein kleiner flachrunder Kürbis mit schwachen Längsrippen.
Stiel: ø 1,5-3,5 cm dünn, graugrün, 6-8 cm lang, hart.
Gewicht: 1-4 kg.
Größe: Umfang 55-75 cm, ø 18-25 cm.
Fruchtfleisch: Orange, zart schmelzend, mittelfest.
Kern: 1,7 cm lang, 1 cm breit, Farbe beige matt und mit einem dünnen Rand.
Wuchs: Ranken von 5 bis 6 m Länge.
Lagerzeit: 3-7 Monate.
Geschmack: Sehr feines, delikates Muskataroma.
Bewertung: Ein sehr empfehlenswerter Speisekürbis. (🎃🎃🎃🎃)
Verwendung: Bestens geeignet für Suppen, Gemüse und Konfitüre. Sonst nicht so gut zu verwenden, da das Fruchtfleisch sehr schnell zerfällt.
Anmerkung: Ein Muskatkürbis für Feinschmecker. Als Suppe oder Gemüse ein besonderer Genuss. Durch seine Größe ein empfehlenswerter Kürbis für den Garten.

Tonda Pandana 🎃🎃

Cucurbita maxima

Erntezeitraum: Mitte September bis Anfang Oktober. Das Wachstum ist meist bis Mitte Oktober beendet. Die Pflanze stirbt dann ab.
Farbe: Grüngelb gestreift, etwas verwaschen.
Form: Ein kleiner, runder Kürbis wie ein Ball, jedoch mit aufliegenden, regelmäßigen dicken Rippen.
Stiel: ø 1,5-4 cm dick, graugrün, mit Längsrippen, 5-7 cm lang, hart.
Gewicht: 1,5-3 kg.
Größe: Umfang 60-70 cm, ø 20-22 cm.
Fruchtfleisch: gelb, mittelfest.
Kern: 1,8 cm lang, 1 cm breit, Farbe creme matt und mit einem dünnen Rand.
Wuchs: Ranken von 5 bis 7 m Länge.
Lagerzeit: 4-6 Monate
Geschmack: Gutes Aroma mit einem schwachen Melonengeschmack.
Bewertung: Guter Speisekürbis und noch dazu mit einem hohen Dekorationswert. (🎃🎃)
Verwendung: Zum Anbraten, Pies, Gratins, Chutneys, Kuchen und Konfitüre.
Anmerkung: Durch die dicken aufliegenden Rippen auch ein schöner Dekokürbis. Beim Lagern wandelt sich seine Farbe langsam ganzflächig in gelb marmoriert.

Speisekürbisse von A bis Z

Triamble

Trombolino

Triamble 🎃🎃🎃

Cucurbita maxima

(Triamblekürbis, Tristar, Triangle)
Erntezeitraum: Mitte Oktober. Das Wachstum der Pflanze bleibt bis zum ersten Frost voll erhalten.
Farbe: Blaugrau bis schiefergrau, glänzend.
Form: Ein kleiner bis mittlerer, dreigelappter, runder Kürbis. Unten mit einer kleinen Rosette oder einem Knopf.
Stiel: ø 2,5-4 cm dick, graugrün mit gelb und weichen hellbraunen Korkzellen, 10-15 cm lang, mittelfest.
Gewicht: 2-5 kg.
Größe: Umfang 50-70 cm, ø 16-22 cm.
Fruchtfleisch: Dunkelgelb bis orange, sehr fest.
Kern: 1,7 cm lang, 0,8 cm breit, Farbe schwach hellbraun, glatt, etwas glänzend, leicht bauchig und mit einem dünnen Rand.
Wuchs: Ranken vom 5 bis 7 m Länge.
Lagerzeit: 4-12 Monate, teilweise auch länger.
Geschmack: Feines Aroma.
Bewertung: Ein sehr empfehlenswerter Speisekürbis mit einem besonders hohen Dekorationswert. (🎃🎃🎃)
Verwendung: Für Suppen, Gemüse, zum Anbraten, im Backofen garen, Pies, Gratins, Chutneys, Kuchen und Konfitüre.
Anmerkung: Ein sehr ausgefallener, dekorativer Kürbis mit einer langen Haltbarkeit. Das Fruchtfleisch und die Schale sind sehr fest, deshalb lässt er sich fast nur mit einem Hackbeil zerteilen. Durch seine lange Vegetationszeit eignet er sich nur für ein Weinbauklima.

Trombolino 🎃🎃🎃

Cucurbita moschata

(Trombocino d´Albenga)
Erntezeitraum: Anfang September bis Anfang Oktober. Das Wachstum ist meist bis Mitte Oktober beendet. Die Pflanze stirbt dann ab.
Farbe: Hellbraun bis sandbraun.
Form: Ein sehr langer gekrümmter Kürbis mit einer immer anderen Form. Am Ende ist er etwas bauchig.
Stiel: ø 1,5-3 cm dick, graugrün, 1,5-2,5 cm lang, hart.
Gewicht: 2-8 kg.
Größe: Länge 40-100 cm, Umfang 40-60 cm.
Fruchtfleisch: Gelb bis dunkelgelb, mittelfest. Das Kernhaus ist sehr klein und befindet sich im dickeren unteren Ende, dadurch besitzt er einen hohen Fruchtfleischanteil.
Kern: 1,5 cm lang, 0,8 cm breit, Farbe beige matt.
Wuchs: Ranken von 5 bis 7 m Länge.
Lagerzeit: 3-10 Monate. Bei längerer Lagerzeit wird das Kernhaus etwas größer.
Geschmack: Feines Aroma mit einer nussigen Note.
Bewertung: Ein sehr empfehlenswerter Speisekürbis mit einem besonders hohen Dekorationswert. (🎃🎃🎃)
Verwendung: Für Suppen, Gemüse, sehr gut zum Anbraten, wie ein Schnitzel panieren und zubereiten, im Backofen garen, Pies, Gratins, Chutneys, Kuchen und Konfitüre.
Anmerkung: Ein Allroundkürbis in den unterschiedlichsten Formen und wunderbar für ausgefallene Dekorationen geeignet.

Türkenturban

Warzenkürbis

Türkenturban 🎃🎃

Cucurbita maxima

(Priesterhut, Türkischer Kürbis, Bischofsmütze, Kaisermütze)
Erntezeitraum: Ende August bis Mitte Oktober Das Wachstum ist dann meist beendet. Die Pflanze stirbt ab.
Farbe: Orange, rot, gelb, grün, grau, weiß, teilweise gestreift oder getupft, meistens mit einem helleren Hut.
Form: Wie eine Bischofsmütze oder –hut.
Stiel: ø 1,5-4 cm dick, graugrün mit gelb, mit weichen hellbraunen Korkzellen, 3-6 cm lang, mittelfest.
Gewicht: 1-5 kg. Teilweise auch sehr kleine Früchte von 0,2-0,5 kg.
Größe: Umfang 15-80 cm, ø 5-25 cm.
Fruchtfleisch: Orange, etwas trocken, fest.
Kern: 1,8 cm lang, 1,2 cm breit, Farbe beige matt und etwas bauchig.
Wuchs: Ranken von 5 bis 8 m Länge.
Lagerzeit: Bis zu einem Jahr, in wenigen Ausnahmen auch länger.
Geschmack: Ein gutes Aroma.
Bewertung: Ein empfehlenswerter Speisekürbis und noch dazu mit einem besonders hohen Dekorationswert. (🎃🎃)
Verwendung: Zu Suppen, Gemüse, zum Anbraten, im Backofen garen, zum Füllen, Pies, Gratins, Chutneys, süßsauer eingelegt, Kuchen und Konfitüre.
Anmerkung: Einer der schönsten Speisekürbisse mit dem größten Farbenspektrum und daher für außergewöhnliche Dekorationen zu empfehlen. In der Floristik wird er für ausgefallene herbstliche Blumengestecke verarbeitet. Nach einer längeren Lagerzeit wird er so hart, dass er kaum noch zu zerteilen ist.

Warzenkürbis 🎃🎃🎃

Cucurbita maxima

(Galeux d´Eysines)
Erntezeitraum: Mitte September bis Anfang Oktober. Das Wachstum ist meist bis Mitte Oktober beendet. Die Pflanze stirbt dann ab.
Farbe: Rosa bis lachsfarbig mit braunen warzigen Auswüchsen, teilweise wie mit Erdnüssen bedeckt.
Form: Ein mittlerer bis großer, flachrunder Kürbis.
Stiel: ø 3,5- 6 cm dick, graugrün mit gelb und weichen hellbraunen Korkzellen, 4-7 cm lang, mittelfest.
Gewicht: 3-14 kg.
Größe: Umfang 70-95 cm, ø 22-30 cm.
Fruchtfleisch: Orange, mittelfest.
Kern: 1,8-2,2 cm lang, 1,1 cm breit, Farbe weiß matt und mit einem sehr dünnen Rand.
Wuchs: Ranken von 5 bis 7 m Länge.
Lagerzeit: 4-6 Monate.
Geschmack: Ein delikates Aroma.
Bewertung: Ein sehr empfehlenswerter Speisekürbis mit einem besonders hohen Dekorationswert. (🎃🎃🎃)
Verwendung: Für Suppen, Gemüse, im Backofen garen, Pies, Gratins, Kuchen und Konfitüre.
Anmerkung: Dieser Kürbis verbindet beides: Er ist ein toller Dekokürbis mit einem delikaten Aroma. Sehr empfehlenswert.

Weißer Gartenkürbis

Winter Luxury

Weißer Gartenkürbis 🎃🎃🎃

Cucurbita maxima

Erntezeitraum: Mitte September bis Mitte Oktober. Das Wachstum ist dann meist beendet. Die Pflanze stirbt ab.
Farbe: Weiß glänzend.
Form: Ein mittelgroßer, flachrunder Kürbis. Mit schwachen Rippen und teilweise mit einer kleinen, flachen Rosette.
Stiel: ø 2-4 cm dick, graugrün mit gelb und weichen hellbraunen Korkzellen, in der Mitte ist er hohl, 4-6 cm lang, mittelfest.
Gewicht: 2-6 kg
Größe: Umfang 70-85 cm, ø 25-35 cm.
Fruchtfleisch: Dunkelorange, mittelfest.
Kern: 1,8 cm lang, 1 cm breit, Farbe beige matt und mit einem dünnen Rand.
Wuchs: Ranken von 5 bis 7 m Länge.
Lagerzeit: 4-8 Monate.
Geschmack: Ein sehr gutes Aroma.
Bewertung: Ein sehr empfehlenswerter Speisekürbis. (🎃🎃🎃)
Verwendung: Für Suppen, Gemüse, im Backofen garen, Pies, Gratins, Chutneys, Kuchen und Konfitüre.
Anmerkung: Eine bekannte Sorte, die man oft im Garten antrifft. Die Pflanze ist robust und unempfindlich. Etwas ungünstig ist die Größe, da er gleich für 3 bis 5 Mahlzeiten ausreicht und sich nach längerer Lagerung etwas schwerer aufschneiden lässt.

Winter Luxury 🎃🎃🎃

Cucurbita pepo

Erntezeitraum: Mitte bis Ende September. Das Wachstum ist meist Anfang Oktober beendet. Die Pflanze stirbt dann ab.
Farbe: Hellorange mit einer gleichmäßigen genetzten Schale.
Form: Ein kleiner bis mittelgroßer, runder Kürbis. Die Früchte sind meist gleichmäßig groß.
Stiel: ø 2,5–4 cm dick, dunkelgrün, gerippt und leicht gedreht, 4-6 cm lang, hart.
Gewicht: 2-5 kg.
Größe: Umfang 65-72 cm, ø 22-27 cm.
Fruchtfleisch: Gelborange, mittelfest.
Kern: 1,7 cm lang, 1 cm breit, Farbe creme matt und mit einem sehr dünnen Rand.
Wuchs: Ranken von 4 bis 6 m Länge.
Lagerzeit: 4-6 Monate.
Geschmack: Ein gutes Aroma.
Bewertung: Ein empfehlenswerter Speisekürbis. (🎃🎃🎃)
Verwendung: Für Suppen, Gemüse, zum Anbraten, im Backofen garen, Pies, Gratins, Chutneys, Kuchen, Desserts und Konfitüre.
Anmerkung: Aufgrund seiner Größe, Form, das mittelfeste Fruchtfleisch und sein großes Kernhaus eignet er sich ideal zum Aushöhlen und Schnitzen. Also ein „Trendkürbis" für Kürbisgeister; beispielsweise bei Kindergeburtstagen und Kürbisfesten wie Halloween.

Zuckerkürbis aus dem Berry

Zuckerkürbis aus dem Berry 🎃🎃🎃

Cucurbita moschata

Erntezeitraum: Mitte bis Ende September. Das Wachstum ist meist Anfang Oktober beendet. Die Pflanze stirbt dann ab.
Farbe: Sandbraun mit hellgrün.
Form: Ein kleiner bis mittlerer Kürbis mit der Form einer Birne oder Glocke.
Stiel: ø 1,5-2 cm dünn, graugrün, 2-4 cm lang, hart.
Gewicht: 1,5-4 kg.
Größe: Länge 15-25 cm, Umfang 40-50 cm,
Fruchtfleisch: Braun bis orange, mittelfest. Das Kernhaus ist sehr klein und befindet sich im dickeren unteren Ende, dadurch besitzt er einen hohen Fruchtfleischanteil.
Kern: 1,2-1,5 cm lang, 0,8 cm breit, Farbe beige matt und mit einem dünnen Rand.
Wuchs: Ranken von 5-7 m Länge.
Lagerzeit: 3-8 Monate.
Geschmack: Feines Aroma mit einer leicht nussigen Note.
Bewertung: Sehr empfehlenswerter Speisekürbis. (🎃🎃🎃)
Verwendung: Für Suppen, Gemüse, sehr gut zum Anbraten geeignet, wie ein Schnitzel panieren und zubereiten, im Backofen garen, Pies, Gratins, Chutneys, Kuchen und Konfitüre.
Anmerkung: Eine beliebte französische Sorte, die in verschieden großen Birnenformen wächst. Beim Lagern verfärbt sich der Kürbis langsam ganzflächig in mittelbraun.

Tabellen

	Große Kürbisse ab etwa 5 kg		
Sorte	**Farbe**	**Gewicht**	**Größe**
Aspen	zuerst dunkelgrün mit orange, später orange bis orangerot	7-15 kg	L: 40-60 cm, U: 70-100 cm, ø 35-60 cm
Atlantic Giant	hellorange, sehr verwaschen	30-200 oder bis 400 kg	U: 150-250 cm, ø 100-200 cm
Big Max	orange bis orangerot	15-30 kg	U: 150-200 cm, ø 75-100 cm
Evergreen	hellgrün mit gelb, etwas marmoriert und schwachen grünen Längsstreifen	4-10 kg	L: 35-45 cm, U: 90-110 cm, ø 25-35 cm
Gelber Zentner	hellgelb bis gelb und hellgrünen Flecken, teilweise verwaschen, auch mit zarten hellen Streifen	2-40 kg	U: 80-180 cm, ø 25-70 cm
Gelber Zentner, genetzt	hellgelb bis gelb und hellgrünen Flecken, teilweise verwaschen, auch mit zarten hellen Streifen. Er ist zusätzlich ganz oder teilweise mit einem hellbraunen unterschiedlich gezeichneten Netz überzogen	2-40 kg	U: 80-180 cm, ø 25-70 cm
Howden	zuerst dunkelgrün/orange, später orange bis orangerot	4-15 kg	L: 35-60 cm, U: 65-100 cm, ø 30-60 cm
Langer aus Nizza	hellbraun mit hell- und dunkelgrünen unregelmäßigen verwaschenen Streifen	3-10 kg	L: 50-100 cm, U: 40-60 cm
Muskatkürbis	dunkelgrün mit braunen Verfärbungen, bereift. Nach vollständiger Ausreifung ganzflächig terrakottafarbig	3-15 kg	U: 70-130 cm, ø 20-45 cm
Napolitaner Kürbis	grüngelb mit unterschiedlichen teilweise verwaschenen Streifen, mit zunehmender Reife gelblich bis ockerfarben	3-15 kg	L: 50-60 cm, ø 50-70 cm
North Georgia	rosa bis hellbraun. Am Ende teilweise zarte hellgrüne Streifen.	3-7 kg	L: 35-45 cm, U: 45-70 cm
Peruanischer Kürbis	dunkelgrün glänzend	4-20 kg	L: 30-60 cm, U: 60-120 cm, ø 20-40 cm
Rosa Riesenbanane	rosa bis hellbraun	6-20 kg	L: 35-70 cm, U: 55-85 cm
Roter Zentner	leuchtend intensives orangerot, oder verwaschen, teilweise mit gelben Stellen. Auch mit hellen Längsstreifen und hellbraunen Narben	3-15 kg	U: 70-110 cm, ø 25-35 cm
Trombolino	hellbraun bis sandbraun	2-8 kg	L: 40-100 cm, U: 40-60 cm

Große Kürbisse ab etwa 5 kg (Fortsetzung)

Sorte	Farbe	Gewicht	Größe
Warzenkürbis	rosa bis lachsfarbig mit braunen warzigen Auswüchsen, teilweise wie mit Erdnüssen bedeckt	3-14 kg	U: 70-95 cm, ø 22-30 cm

L: Länge, U: Umfang

Mittlere Kürbisse etwa 2 bis 5 kg

Sorte	Farbe	Gewicht	Größe
Blaue Banane	blaugrau, teilweise braun benetzt	1,5-4 kg	L: 25-35 cm, U: 30-40 cm
Blauer Ungar.	blaugrau, glänzend	2-6 kg	U: 70-85 cm, ø 24-35 cm
Blue Ballet	blaugrau, teilweise verwaschen	1-3 kg	L: 20-30 cm, U: 42-55 cm
Blue Hubbard	blaugrau, teilweise verwaschen	3-6 kg	L: 35-50 cm, U: 60-90 cm
Buckskin	bronzefarbig bis sandbraun, bereift	3-7 kg	L: 30-50 cm, U: 60-80 cm
Butternut	hellbraun bis sandfarben oder bronze. Teilweise am Stielansatz mit kurzen zarten länglichen grünen Streifen.	0,5-4 kg	L: 20-40 cm, U: 35-50 cm
Chioggia	Nuancen von dunkelgrün bis dunkelgrau, teilweise verwaschen. Der Hut hat hellgraue Streifen.	2-5 kg	U: 65-95 cm, ø 20-30 cm
Cushaw	weiß mit unregelmäßigen grünen Streifen. Teilweise oben am Hals auch gelbe dünne Streifen.	2-6 kg	L: 35-45 cm, U: 50-65 cm
Frosty	orange	1-4 kg	U: 60-80 cm, ø 20-25 cm
Golden Delicious	orangerot, mit blassen hellen Längs streifen	1,5-3 kg	U: 60-80 cm, ø 20-28 cm
Golden Hubbard	dunkelorange, teilweise verwaschen, glänzend oder matt, mit hellen zarten Längsstreifen	3-8 kg	L: 30-45 cm, U: 60-80 cm
Green Delicious	dunkelgrün mit blassen hellen Längsstreifen	1,5-3 kg	U: 60-80 cm, ø 20-28 cm
Green Hubbard	dunkelgrün bis fast schwarz. Teilweise verwaschen, glänzend oder matt, mit hellen zarten Längsstreifen.	3,5-9 kg	L: 35-45 cm, U: 65-85 cm
Jack O'Lantern	zuerst grün, später orange	3-7 kg	U: 70-90 cm, ø 20-30 cm
Lumina	weiß glänzend	kg	U: 75-90 cm, ø 24-35 cm
Olive	olivgrün bis dunkelbraun, mit dünnen verwaschenen hellen Streifen	2-6 kg	L: 20-40 kg, U: 45-80 cm
Pepita	weiß, unregelmäßige grüne Streifen	1-4 kg	L: 25-30 cm, U: 60-70 cm, ø 18-24 cm
Siamkürbis	hellgrün, grün und cremefarben marmoriert	2,5-3,5 kg	L: 18-21 cm, U: 54-65 cm, ø 15-20 cm
Steirischer Ölkürbis	goldgelb mit unregelmäßigen dunkelgrünen Streifen	0,8-5 kg	L: 20-35 cm, U: 50-70 cm, ø 15-25 cm
Tancheese	mittelbraun bis sandbraun	1,5-3,5 cm	U: 55-75 cm, ø 18-25 cm

Mittlere Kürbisse etwa 2 bis 5 kg (Fortsetzung)

Sorte	Farbe	Gewicht	Größe
Tonda Pandana	grüngelb gestreift, etwas verwaschen	1,5-3 kg	U: 60-70 cm, ø 20-22 cm
Triamble	blaugrau bis schiefergrau	2-5 kg	U: 50-70 cm, ø 16-22 cm
Türkenturban	orange, rot, gelb, grün, grau, weiß, teilweise gestreift oder getupft, meist mit einem helleren Hut	1-5 kg	U: 15-80 cm, ø 5-25 cm
Weißer Gartenkürbis	weiß glänzend	2-6 kg	U: 70-90 cm, ø 25-35 cm
Winter Luxury	hellorange mit einer gleichmäßigen genetzten Schale	2-5 kg	U: 65-72 cm, ø 22-27 cm
Zuckerkürbis aus dem Berry	sandbraun mit hellgrün	1,5-4 kg	L: 15-25 cm, U: 40-50 cm

L: Länge, U: Umfang

Kleine Kürbisse bis etwa 2 kg

Sorte	Farbe	Gewicht	Größe
Autumn Queen	dunkelgrün glänzend, manchmal mit einem gelben Fleck	0,4-1,5 kg	L: 12-17 cm, U: 26-35 cm, ø 8-12 cm
Baby Bear	zuerst dunkelgrün/orange, später leuchtend orangerot	0,5-1,5 kg	U: 40-55 cm, ø 10-25 cm
Blue Kuri	blaugrau, leicht gepunktet oder marmoriert und mit grauen Streifen	0,5-2 kg	U: 50-60 cm, ø 15-20 cm
Buttercup	dunkelgrün mit hellgrauen Streifen. Mit hellbraunen Wülsten um die graugrünen Rosetten oder Hüte.	0,5-2 kg	U: 30-50 cm, ø 10-15 cm
Delica	blaugrau, leicht verwaschen	0,5-2 kg	U: 50-60 cm, ø 15-20 cm
Futsu Black Rinded	dunkelgrün bis –braun, bereift	0,5-1,5 kg	U: 45-55 cm, ø 13-20 cm
Grüner Hokkaido	dunkelgrün mit regelmäßigen hellgrauen dünnen Längsstreifen	0,5-2 kg	U: 50-60 cm, ø 15-20 cm
Heart of Gold	cremegrün gestreift	0,4-1,5 kg	L: 10-15 cm, U: 26-35 cm, ø 7-10 cm
Jaspee de Vendee	mattes gelb mit kleinen winzigen hellbraunen Pünktchen, die Schale ist dadurch etwas rauh	0,5-1,5 kg	L: 12-20 cm, U: 50-60 cm, ø 15-20 cm
Roter Hokkaido	leuchtend dunkelorange bis orangerot, etwas glänzend	0,5-2 kg	U: 45-55 cm, ø 13-18 cm
Runder Nizzakürbis	grün, später gelb mit dunkelgrünen Streifen und hellen Punkten	0,5-1,5 kg	L: 15-20 cm, U: 40-50 cm, ø 13-17 cm
Snow Delight	hellgrau bis stahlblau, leicht glänzend. Teilweise mit hellbraunen Verwachsungen	0,5-2 kg	U: 50-60 cm, ø 15-20 cm
Spagettikürbis	meistens hellgelb oder creme. Teilweise gelb mit verwaschenen grünen Streifen oder gepunktet.	0,5-2 kg	L: 20-30 cm, U: 40-50 cm
Table Gold	goldgelb leuchtend	0,4-1,2 kg	L: 12-17 cm, U: 26-35 cm, ø 8-12 cm

Kleine Kürbisse bis etwa 2 kg (Fortsetzung)

Sorte	Farbe	Gewicht	Größe
Weißer Acorn	cremeweiß, etwas später hellgelb	0,6-1,5 kg	L: 12-17 cm, U: 28-37 cm, ø 10-14 cm
Winterhorn	dunkelgrün glänzend, teilweise mit einem gelben Fleck	0,6-1,5 kg	L: 12-20 cm, U: 25-40 cm, ø 10-15 cm

L: Länge, U: Umfang

Sehr kleine Kürbisse bis etwa 1 kg

Sorte	Farbe	Gewicht	Größe
Baby Boo	cremeweiß	0,3-0,6 kg	U: 18-30 cm, ø 7-12 cm
Bunter Squash	gelb, grün, weiß, gestreift, gepunktet, marmoriert. In den unterschiedlichsten gelbgrünen und grünweißen Farbnuancen.	0,1-1 kg	U: 22-45 cm, ø 7-20 cm
Custard White	weiß	0,1-1,2 kg	U: 22-55 cm, ø 7-25 cm
Gelber Squash	dunkelgelb	0,1-1 kg	U: 22-45 cm, ø 7-20 cm
Goldapfel	dunkelgelb	0,2-0,8 cm	U: 22-20 cm, ø 6-9 cm
Grüner Squash	dunkelgrün, teilweise mit einem gelben Fleck	0,1-1 kg	U: 22-45 cm, ø 7-20 cm
Hörnchenkürbis	grün	0,02-0,04 kg	L: 2-4 cm, U: 4-6 cm
Jack be little	dunkelgelb bis orange	0,2-0,8 kg	U: 30-40 cm, ø 9-13 cm
Panachee	creme. Mit unterschiedlichen grünen Streifen und Tupfen, teilweise auch gelbe Flecken.	0,1-1 kg	U: 22-45 cm, ø 7-20 cm
Rolet	dunkelgrün, oft mit einem gelben Fleck	0,2-0,5 kg	U: 22-25 cm, ø 5-8 cm
Sunburst	dunkelgelb mit einem dunkelgrünen Auge. Teilweise auch ohne grünes Auge, oder unterschiedliche dunkelgrüne Flecken.	0,1-1 kg	U: 22-45 cm, ø 7-20 cm
Sweet Dumpling	creme. Mit unterschiedlichen grünen Streifen. Teilweise auch mit einem hellgelben Fleck.	0,3-0,7 kg	L: 8-10 cm, U: 30-35 cm, ø 9-12 cm

L: Länge, U: Umfang

Wuchs

Sorte	buschig wie eine Zucchini	Ranken bis etwa 5 m	Ranken bis etwa 7 m	Ranken bis etwa 10 m	Ranken bis etwa 15 m oder mehr
Aspen	–	–	–	–	+
Atlantic Giant	–	–	–	–	+
Autumn Queen	+	+ teilweise	–	–	–
Baby Bear	–	+	–	–	–
Baby Boo	–	+	–	–	–
Big Max	–	–	–	+	–

Sorte	buschig wie eine Zucchini	Ranken bis etwa 5 m	Ranken bis etwa 7 m	Ranken bis etwa 10 m	Ranken bis etwa 15 m oder mehr
Blaue Banane	−	−	+	−	−
Blauer Ungarischer	−	−	+	−	−
Blue Ballet	−	−	+	−	−
Blue Hubbard	−	−	−	+	−
Blue Kuri	−	−	+	−	−
Buckskin	−	−	+	−	−
Bunter Squash	+	−	−	−	−
Buttercup	−	−	+	−	−
Butternut	−	−	+	−	−
Chioggia	−	−	−	+	−
Cushaw	−	−	+	−	−
Custard White	+	−	−	−	−
Delica	−	−	+	−	−
Delicata	−	−	+	−	−
Evergreen	−	−	−	−	+
Frosty	−	−	+	−	−
Futsu Black Rinded	−	−	+	−	−
Gelber Squash	+	−	−	−	−
Gelber Zentner	−	−	−	+	−
Gelber Zentner, genetzt	−	−	−	+	−
Goldapfel	−	+	−	−	−
Golden Delicious	−	−	−	+	−
Golden Hubbard	−	−	−	+	−
Green Delicious	−	−	−	+	−
Green Hubbard	−	−	−	+	−
Grüner Hokkaido	+	+	−	−	−
Grüner Squash	+	−	−	−	−
Heart of Gold	+	+ teilweise	−	−	−
Hörnchenkürbis	−	+ im Freiland	−	+ im ungeheizten Treibhaus	−
Howden	−	−	−	−	+
Jack be little	−	+	−	−	−
Jack O´Lantern	+	+	−	+	−
Jaspee de Vendee	−	−	+	−	−
Langer aus Nizza	−	−	−	+	−
Lumina	−	−	+	−	−
Muskatkürbis	−	−	−	+	−
Napolitaner Kürbis	−	−	+	−	−
North Georgia	−	−	+	−	−
Olive	−	−	+	−	−
Panachee	+	−	−	−	−

Sorte	buschig wie eine Zucchini	Ranken bis etwa 5 m	Ranken bis etwa 7 m	Ranken bis etwa 10 m	Ranken bis etwa 15 m oder mehr
Wuchs (fortsetzung)					
Pepita	–	–	+	–	–
Peruanischer Kürbis	–	–	–	+	–
Rolet	–	+	–	–	–
Rosa Riesenbanane	–	–	–	+	–
Roter Hokkaido	–	+	–	–	–
Roter Zentner	–	–	–	–	+
Runder Nizzakürbis	+	+ teilweise	–	–	–
Siamkürbis	–	–	–	+	–
Snow Delight	–	–	+	–	–
Spagettikürbis	–	–	+	–	–
Steirischer Ölkürbis	–	–	–	+	–
Sunburst	+	–	–	–	–
Sweet Dumpling	–	–	+	—	
Table Gold	+	+ teilweise	–	–	–
Tancheese	–	–	+	–	–
Tonda Pandana	–	–	+	–	–
Triamble	–	–	+	–	–
Trombolino	–	–	+	–	–
Türkenturban	–	–	–	+	–
Warzenkürbis	–	–	+	–	–
Weißer Acorn	+	+ teilweise	–	–	–
Weißer Gartenkürbis	–	–	+	–	–
Winterhorn	–	+	–	–	–
Winter Luxury	–	–	+	–	–
Zuckerkürbis aus dem Berry	–	–	+	–	–

Sorte	Gewicht	Wuchs	Bewertung
Speisekürbis-Empfehlungen für den Hausgarten			
Autumn Queen	0,4-1,5 kg	buschig wie Zucchini, teilweise mit Ranken von 2 bis 3 m Länge	🎃🎃
Baby Bear	0,5-1,5 kg	Ranken von 2 bis 4 m Länge	🎃
Baby Boo	0,3-0,6 kg	Ranken von 2 bis 4 m	🎃🎃🎃
Blaue Banane	1,5-4 kg	Ranken von 5 bis 7 m Länge	🎃🎃🎃
Blauer Ungarischer	2-6 kg	Ranken von 5 bis 7 m Länge	🎃🎃🎃
Blue Ballet	1-3 kg	Ranken von 4 bis 6 m Länge	🎃🎃
Blue Kuri	0,5-2 kg	Ranken von 5 bis 7 m Länge	🎃🎃🎃
Bunter Squash	0,1-1 kg	buschig wie Zucchini	🎃🎃
Buttercup	0,5-2kg	Ranken von 4 bis 6 m Länge	🎃🎃🎃
Butternut	0,5-4 kg	Ranken von 5 bis 7 m Länge	🎃🎃🎃
Custard White	0,1-1,2 kg	buschig wie Zucchini	🎃
Delica	0,5-2 kg	Ranken von 4 bis 6 m Länge	🎃🎃🎃
Delicata	0,5-1 kg	Ranken von 4 bis 6 m Länge	🎃🎃🎃

Speisekürbis-Empfehlungen für den Hausgarten (Fortsetzung)

Sorte	Gewicht	Wuchs	Bewertung
Frosty	1-4 kg	Ranken von 5 bis 7 m Länge	🎃
Futsu Black Rinded	0,5-1,5 kg	Ranken von 4 bis 6 m Länge	🎃🎃🎃
Gelber Squash	0,1-1 kg	buschig wie Zucchini	🎃🎃
Gelber Zentner	2-40 kg	Ranken von 5 bis 10 m Länge	🎃🎃
Gelber Zentner, genetzt	2-40 kg	Ranken von 5 bis 10 m Länge	🎃🎃
Goldapfel	0,2-0,8 kg	Ranken von 2 bis 4 m Länge	🎃🎃
Golden Delicious	1,5-3 kg	Ranken von 8 bis 10 m Länge	🎃🎃
Green Delicious	1,5-3 kg	Ranken von 8 bis 10 m Länge	🎃🎃
Grüner Hokkaido	0,5-2 kg	zuerst buschig, dann Ranken von 3 bis 5 m Länge	🎃🎃🎃
Grüner Squash	0,1-1 kg	buschig wie Zucchini	🎃🎃
Heart of Gold	0,4-1,5 kg	buschig wie Zucchini, teilweise mit Ranken von 2 bis 3 m Länge	🎃🎃
Hörnchenkürbis	0,02-0,04 kg	Eine Kletterpflanze die ein Rankgerüst benötigt. Im Freiland ist er nicht so wüchsig mit 4 bis 5 m Länge. Im ungeheizten Treibhaus von 2,5 bis 3 m reicht nicht für 2 Pflanzen aus. Sie wachsen aus dem Fenster und der Tür.	🎃🎃
Jack be little	0,2-0,8 kg	Ranken von 2 bis 4 m Länge	🎃🎃🎃
Jack O'Lantern	3-7 kg	Ranken von 5 bis 9 m Länge. Teilweise buschig und mit kurzen Ranken von 2 bis 3 m Länge	🎃
Jaspee Vendee	0,5-1,5 kg	Ranken von 4 bis 6 m Länge. Teilweise auch buschig wie eine Zucchini	🎃🎃
Lumina	3-6 kg	Ranken von 4 bis 7 m Länge	🎃🎃🎃
Muskatkürbis	3-15 kg	Ranken von 5 bis 10 m Länge	🎃🎃🎃🎃
Panachee	0,1-1 kg	buschig wie Zucchini	🎃🎃
Rolet	0,2-0,5 kg	Ranken von 2 bis 4 m Länge	🎃🎃
Roter Hokkaido	0,5-2 kg	Ranken von 3 bis 5 m Länge	🎃🎃🎃
Roter Zentner	3-15 kg	Ranken von 8 bis 15 m Länge	🎃🎃
Runder Nizzakürbis	0,5-1,5 kg	buschig wie Zucchini	🎃🎃
Snow Delight	0,5-2 kg	Ranken von 4 bis 6 m Länge	🎃🎃🎃
Spagettikürbis	0,5-2 kg	Ranken von 4 bis 6 m Länge, oder buschig wie eine Zucchini	🎃🎃
Steirischer Ölkürbis	0,8-5 kg	Ranken von 6 bis 9 m Länge	🎃
Sunburst	0,1-1 kg	buschig wie eine Zucchini	🎃🎃
Sweet Dumpling	0,3-0,7 kg	Ranken von 4 bis 6 m Länge	🎃🎃🎃
Table Gold	0,4-1,2 kg	buschig wie Zucchini. Teilweise mit Ranken von 2 bis 3 m Länge	🎃🎃
Tancheese	1-4 kg	Ranken von 5 bis 6 m Länge	🎃🎃🎃🎃
Tondo Pandana	1,5-3 kg	Ranken von 5 bis 7 m Länge	🎃🎃
Türkenturban	1-5 kg	Ranken von 5 bis 8 m Länge	🎃🎃
Weißer Acorn	0,6-1,5 kg	buschig wie Zucchini. Teilweise mit Ranken von 2 bis 3 m Länge	🎃🎃
Weißer Gartenkürbis	2-6 kg	Ranken von 5 bis 7 m Länge	🎃🎃🎃
Winterhorn	0,6-1,5 kg	Ranken von 2 bis 4 m Länge	🎃🎃
Winter Luxury	2-5 kg	Ranken von 4 bis 6 m Länge	🎃🎃
Zuckerkürbis aus dem Berry	1,5-4 kg	Ranken von 5 bis 7 m Länge	🎃🎃🎃

Die Speisekürbisse im Überblick

Sorte	Farbe	Fruchtfleisch	Gewicht	Größe	Bewertung
Aspen	orange bis orangerot	hellgelb bis orange	7-15 kg	L: 40-60 cm, U: 70-100 cm, ø 35-60 cm	☺
Atlantic Giant	hellorange	hellgelb	30-200 oder bis 400 kg	U: 150-250 cm, ø 100-200 cm	–
Autumn Queen	dunkelgrün	hellgelb	0,4-1,5 kg	L: 12-17 cm, U: 26-35 cm, ø 8-12 cm	☺☺
Baby Bear	orangerot	hellgelb bis orange	0,5-1,5 kg	U: 40-55 cm, ø 10-25 cm	☺☺☺
Baby Boo	cremeweiß	cremeweiß	0,3-0,6 kg	U: 18-30 cm, ø 7-12 cm	☺☺☺
Big Max	orange bis orangerot	hellorange	15-30 kg	U: 150-200 cm, ø 75-100 cm	☺☺☺
Blaue Banane	baugrau	dunkelorange	1,5-4 kg	L: 25-35 cm, U: 30-40 cm	☺☺☺
Blauer Ungarischer	baugrau	dunkelorange	2-6 kg	U: 70-85 cm, ø 24-35 cm	☺☺
Blue Ballet	baugrau	dunkelgelb	1-3 kg	L: 20-30 cm, U: 42-55 cm	☺☺
Blue Hubbard	baugrau	dunkelgelb bis -orange	3-6 kg	L: 35-50 cm, U: 60-90 cm	☺☺☺☺
Blue Kuri	baugrau	orange	0,5-2 kg	U: 50-60 cm, ø 15-20 cm	☺☺☺
Buckskin	bronzefarbig	dunkelorange	3-7 kg	L:30-50 cm, U: 60-80 cm	☺☺☺
Bunter Squash	gelb, grün und weiß	hellgelb	0,1-1 kg	U: 22-24 cm, ø 7-20 cm	☺☺☺☺
Buttercup	dunkelgrün	orange	0,5-2 kg	U: 30-50 cm, ø 10-15 cm	☺☺☺☺
Butternut	hellbraun bis sandfarben oder bronze	dunkelgelb	0,5-4 kg	L: 20-40 cm, U: 35-50 cm	☺☺☺
Chioggia	dunkelgrün bis dunkelgrau	orange	2-5 kg	U: 65-95 cm, ø 20-30 cm	☺☺☺
Cushaw	weiß mit grün	creme bis hellgelb	2-6 kg	L: 35-45 cm, U: 50-65 cm	☺☺
Custard White	weiß	cremeweiß	0,1-1,2 kg	U: 40-55 cm, ø 10-25 cm	☺☺
Delica	baugrau	orange	0,5-2 kg	U: 50-60 cm, ø 15-20 cm	☺☺☺☺
Delicata	cremeweiß mit grün	cremeweiß	0,5-1 kg	L: 12-30 cm, ø 20-30 cm	☺☺☺☺
Evergreen	hellgrün mit gelb	hellgelb	4-10 kg	L: 35-45 cm, U: 90-110 cm	☺
Frosty	orange	hellgelb bis gelb	1-4 kg	U: 60-80 cm, ø 20-25 cm	☺☺☺
Futsu Black Rinded	dunkelgrün bis -braun	orange bis braun	0,5-1,5 kg	U: 45-55 cm, ø 13-20 cm	☺☺☺
Gelber Squash	dunkelgelb	cremeweiß	0,1-1 kg	U: 22-45 cm, ø 7-20 cm	☺☺
Gelber Zentner	hellgelb bis gelb	hellgelb bis dunkelgelb	2-40 kg	U: 80-180 cm, ø 25-70 cm	☺☺☺☺
Gelber Zentner, genetzt	hellgelb bis gelb	hellgelb bis dunkelgelb	2-40 kg	U:80-180 cm, ø 25-70 cm	☺☺☺
Goldapfel	dunkelgelb	hellgelb	0,2-0,8 kg	U: 22-30 cm, ø 6-9 cm	☺☺☺
Golden Delicious	orangerot	dunkelgelb bis orange	1,5-3 kg	U: 60-80 cm, ø 20-28 cm	☺☺☺

Die Speisekürbisse im Überblick (Fortsetzung)

Sorte	Farbe	Fruchtfleisch	Gewicht	Größe	Bewertung
Golden Hubbard	dunkelorange	dunkelgelb bis orange	3-8 kg	L: 30-45 cm, U: 60-80 cm	🎃🎃🎃
Green Delicious	dunkelgrün	dunkelgelb bis orange	1,5-3 kg	U: 60-80 cm, ø 20-28 cm	🎃🎃🎃
Green Hubbard	dunkelgrün bis schwarz	dunkelgelb bis orange	3,5-9 kg	L: 35-45 cm, U: 65-85 cm	🎃🎃🎃🎃
Grüner Hokkaido	dunkelgrün	dunkelorange	0,5-2 kg	U: 50-60 cm, ø 15-20 cm	🎃🎃🎃
Grüner Squash	dunkelgrün	hellgelb	0,1-1 kg	U: 22-45 cm, ø 7-20 cm	🎃🎃🎃
Heart of Gold	cremegrün	hellgelb	0,4-1,5 kg	L: 10-15 cm, U: 26-35 cm, ø 7-10 cm	🎃
Hörnchenkürbis	grün	grün	0,02-0,04 kg	L: 2-4 cm, U: 4-6 cm	🎃🎃🎃🎃
Howden	orange bis orangerot	hellgelb bis orange	4-15 kg	L: 35-60 cm, U: 65-100 cm, ø 30-60 cm	🎃
Jack be little	dunkelgelb bis orange	hellgelb	0,2-0,8 kg	U: 30-40 cm, ø 9-13 cm	🎃🎃🎃
Jack O Lantern	orange	hellgelb bis gelb	3-7 kg	U: 70-90 cm, ø 20-30 cm	🎃🎃🎃
Jaspee de Vendee	gelb	hellgelb bis gelb	0,5-1,5 kg	L: 12-20 cm, U: 50-60 cm, ø 15-20 cm	🎃🎃🎃
Langer aus Nizza	hellbraun mit dunkelgrün	dunkelgelb bis orange	3-10 kg	L: 50-100 cm, U: 40-60 cm	🎃🎃🎃🎃
Lumina	weiß	dunkelgelb bis orange	3-6 kg	U: 75-90 cm, ø 24-35 cm	🎃🎃🎃
Muskatkürbis	dunkelgrün mit braun	dunkelorange	3-15 kg	U: 70-130 cm, ø 20-45 cm	🎃🎃🎃
Napolitaner Kürbis	grüngelb	dunkelgelb bis orange	3-15 kg	L: 50-60 cm, U: 50-70 cm	🎃
North Georgia	rosa bis braun	gelb bis dunkelgelb	3-7 kg	L: 35-45 cm, U: 45-70 cm	🎃🎃🎃
Olive	olivgrün bis dunkelbraun	dunkelgelb bis orange	2-6 kg	L: 20-40 cm, U: 45-80 cm	🎃🎃🎃
Panachee	creme mit grün	cremeweiß	0,1-1 kg	U: 22-45 cm, ø 7-20 kg	🎃🎃🎃🎃
Pepita	weiß mit grün	creme bis hellgelb	1-4 kg	L: 25-30 cm, U: 60-70 cm, ø 18-24 cm	🎃🎃🎃🎃
Peruanischer Kürbis	dunkelgrün	hellorange	4-20 kg	L: 30-60 cm, U: 60-120 cm, ø 20-40 cm	🎃🎃🎃
Rolet	dunkelgrün	cremeweiß bis hellgelb	0,2-0,5 kg	U: 22-25 cm, ø 5-8 cm	🎃🎃🎃
Rosa Riesenbanane	rosa bis hellbraun	dunkelgelb bis orange	6-20 kg	L: 35-70 cm, U: 55-85 cm	🎃🎃🎃
Roter Hokkaido	orangerot	dunkelorange	0,5-2 kg	U: 45-55 cm, ø 13-18 cm	🎃🎃🎃🎃
Roter Zentner	orangerot	orangegelb	3-15 kg	U: 70-110 cm, ø 25-35 cm	🎃🎃🎃🎃

Die Speisekürbisse im Überblick (Fortsetzung)

Sorte	Farbe	Fruchtfleisch	Gewicht	Größe	Bewertung
Runder Nizzakürbis	grün mit gelb	hellgelb	0,5–1,5 kg	L: 15–20 cm, U: 40–50 cm, ø 13–17 cm	🎃🎃
Siamkürbis	grün mit creme	weiß	2,5–3,5 kg	L: 18–21 cm, U: 54–65 cm, ø 15–20 cm	🎃🎃🎃
Snow Delight	hellgrau bis stahlblau	dunkelorange	0,5–2 kg	U: 50–60 cm, ø 15–20 cm	🎃🎃🎃
Spagettikürbis	hellgelb, creme oder hellgrün	hellgelb	0,5–2 kg	L: 20–30 cm, U: 40–50 cm	🎃
Steirischer Ölkürbis	goldgelb mit grün	hellgelb	0,8–5 kg	L: 20–35 cm, U: 50–70 cm, ø 15–25 cm	🎃🎃🎃🎃
Sunburst	dunkelgelb mit grün	hellgelb	0,5–1 kg	U: 22–45 cm, ø 7–20 cm	🎃🎃🎃
Sweet Dumpling	creme mit grün	cremeweiß	0,3–0,7 kg	L: 8–10 cm, U: 30–35 cm, ø 9–12 cm	🎃🎃🎃🎃
Table Gold	goldgelb	hellgelb	0,4–1,2 kg	L: 12–17 cm, U: 26–35 cm, ø 7–20 cm	🎃🎃🎃
Tancheese	mittelbraun bis sandbraunorange		1–4 kg	U: 55–75 cm, ø 18–25 cm	🎃🎃🎃🎃
Tondo Pandana	grüngelb gestreift, etwas verwaschen	gelb, mittelfest	1,5–3 kg	U: 60–70 cm, ø 20–22 kg	🎃🎃🎃🎃
Triamble	blaugrau bis schiefergrau	dunkelgelb bis orange	2–5 kg	U: 50–70 kg, ø 16–22 cm	🎃🎃🎃
Trombolino	hellbraun bis sandbraun	gelb bis dunkelgelb	2–8 kg	L: 40–100 cm, U: 40–60 cm	🎃🎃🎃🎃
Türkenturban	orange, rot, gelb, grün, grau und weiß	orange	1–5 kg	U: 15–80 cm, ø 5–25 cm	🎃🎃🎃
Warzenkürbis	rosa bis lachsfarbig	orange	3–14 kg	U: 70–95 cm, ø 22–30 cm	🎃🎃🎃
Weißer Acorn	cremeweiß	cremeweiß	0,6–1,5 kg	L: 12–17 cm, U: 28–37 cm, ø 10–14 cm	🎃🎃🎃
Weißer Gartenkürbis	weiß	dunkelorange	2–6 kg	U: 70–90 cm, ø 25–35 cm	🎃🎃🎃
Winterhorn	dunkelgrün	gelb	0,6–1,5 kg	L: 12–20 kg, U: 25–40 cm, ø 10–15 cm	🎃🎃
Winter Luxury	hellorange	gelborange	2–5 kg	U: 65–72 cm, ø 22–27 cm	🎃🎃🎃
Zuckerkürbis aus dem Berry	sandbraun mit hellgrün	braun bis orange	1,5–4 kg	L: 15–25 cm, U: 40–50 cm	🎃🎃🎃🎃

Kürbisfeste	
Ort	**Zeitraum**
Deutschland	
Kürbiserie – Gartenlust und Tafelfreuden, Eva Margit und Karl Ludwig Vogler, Falltorstraße 19 ,35440 Linden, Tel.06403-71276, Fax -940881. Genaue Termine und weitere Kürbisausstellungen in Deutschland auf Anfrage	Mai, September und Oktober
Kürbisfest in Windschläg bei Offenburg. Info: Eduard Birk, Winkelstr. 7, 77767 Appenweier, Tel. 07805-4167, oder Musikverein Windschläg, 77652 OG-Windschläg, Tel. 0781-70148 oder 73264	etwa Mitte September
Lehniner Kürbisfest, Lehniner Institut für Kunst im LLW e.V., Am Klostersee 12 b, 14797 Lehnin, Tel. 03382-701014, Fax –701035	Mitte bisEnde September
Meroder Kürbismarkt, Info: Kriegers Gärtnerhof, Schloßstr. 2, 52379 Langerwehe-Merode, Tel und Fax. 02423-1530	Ende September
Kürbisausstellung im Botanischen Garten in München, Tel. 089/178613-10, Fax -40	im Oktober
Kürbisfest am Hohenzollernplatz, Info: Christoph Blank, Prinz-Friedrich-Leopold-Straße 2, 14129 Berlin, Tel.030-8039017	erfragen
Belgien	
Festival of Fruits &Vegetables át Hex, Belgien	Mitte September
Tourinnes St. Lambert, Info: Michelle und Olga Cortier, Tel. 03382-218	2. Septemberwoche
Frankreich	
Kürbisfest in Chateau de Luneville, Info: Pierrice et Brigitte Bulanger, Mut`Imprime S.A., 54302 Luneville	erfragen
Italien	
Kürbiswochen im Thurnerhof, Info: Graf und Gräfin Spiegelfeld, I-39017 Schenna, Schlossweg 14, Süd-Tirol, Tel. 0473-945630, oder 0335-6040774, Fax. 0473-945351	Mitte/ Ende Oktober bis Mitte November
Kürbisfest in I-33010 Venzone, Udine, Info: Roberto Forgiarini, Borga S.Giacomo 4, Tel.0039-432-985548 oder Fadi Duigio Giovanni, Tel. 0039-432-985508 oder 0039-432-985034	Mitte oder Ende Oktober
Niederlande	
Pompoenen-Markt, De Pompoenerie-Boerderig	Mitte September
Halloween-Party, Info: Weerdinger Knaal n.z. 114,7831 HH Nievw, Weerdinge, Tel. 0031-591-521294, Fax. 0031-591-522664, e-Mail. http://pompoenerie.netplanenet.nu	Mitte bis Ende Oktober – erfragen
Österreich	
Kürbisfest in Preding, Info. Marktgemeinde Preding	etwa Mitte September
KürWiesTage, Kultur & Genuss – ein Fest rund um den Speise- & Kulturkürbis. Alle Veranstaltungen finden entlang des KürWiesWeges statt, der vom Rathaus Wies zum Schloss Burgstall und weiter zur Versuchsanstalt für Spezialkulturen im Ortsteil Gaißeregg führt. Info. Versuchsstation für pezialkulturen, Gaißeregg 5, A-88551 Wies, Tel. 0043-3465-2423, Fax. 0043-3465-2844, eMail: stefanie,stepischnik@stmk.gv.at oder Tourismus Wies, Oberer Markt 3, A-8551 Wies, Tel. 0043-3465-7038, Fax. 0043-3465-7038-11, eMail: wies@kuerbis.at	Anfang Oktober, jedes 2. Jahr, beispielsweise 1998 und 2000

Kürbisfeste (Fortsetzung)	
Ort	**Zeitraum**
Österreich	
Wolfsberger Kürbisfestival im Laventtal, Info. A.u.J. Weber Bartlbauer, A-9400 Wolfsberg, St. Thomas 4, Tel. 0043/4352-51546, Fax -52961 oder Fremdenverkehrsamt A-9400 Wolfsberg, Minoritenplatz 1, Tel. 0043/4352-537-274	etwa Anfang Oktober
Ritzlhofer Kürbisfestival, Info. Landwirtschaftliche Berufs- und Fachschule Ritzlhof, zu Hd. Michael Lageder, Kremstalstr. 125, A-4053 Haid/Oberösterreich bei Linz, Fax 07229-8831210	etwa Anfang Oktober
Großes Internationales Kürbisfest in Innsbruck, Ort: Festwiese hinter dem Mädchenpensionat, Info. Hans-Georg Behr, Tel. 0043512-345273	etwa Anfang Oktober
Grazer Kürbisfest, Info. Landesmuseum Joanneum, Graz, wissenschaftliche Leitung: Heinz Neunteufel	etwa Mitte Oktober
Kürbisfest im Retzerland, in Retz-Altstadt, Info. 0664/3143679	etwa Mitte bis Ende Oktober
Kürbisfest in der Nationalparkgemeinde Hardegg, im Ort Pleissing und in Zellerndorf, Kellergasse, Maulaver, Info. 02948-8450-Pleissing und 02942-20010-Retzer Land	erfragen
Kürbisfest in Zellerndorf/Niederösterreich, Zellerndorfer Kürbis-Hotline: Tel. 02945-2214 oder 27944 oder 0676-4651125, Fax. 02945-221420 oder 27944	erfragen
Kürbisiade in Ludersdorf/Gleisdorf, Info: Erika Seidl, Autorin des Kürbis- und Kernölbuches, A-8200 Ludersdorf 33, Ost-Steiermark	erfragen
Schweiz	
Weltgrößte Kürbisausstellung, Jocker Farmart, Seegräben, zwischen Uster und Wetzikon, Schweiz	Anfang September bis Ende Oktober
Kürbismarkt und –Ausstellung, Familie Ulrich Landschi, CH-6403 Küssnacht am Rigi, Info. 041-8501493	jeweils am Wochenende von Ende September bis Anfang Oktober
Grenchner Kürbisnacht, Info. Amt für Kultur, Iris Minder, Tel. 032-6528715, Fax. 032-652-8755	letzten Freitag im Oktober
Kürbismarkt in Basel, Kürbisclub Basel über das Naturhistorische Museum, Augustinergasse 2, CH-Basel	erfragen

Anhang

Bezugsquellen für Samenlieferanten

In Deutschland werden inzwischen in gut sortierten Gartencentern die gängigsten Kürbissorten angeboten, und zwar als Samen oder getopfte Pflanzen.

Allerleirauh, Kronstr. 24, 61209 Eckzell, Tel. 06035-81216.
Asgrow, Vegetable Seeds, Lindenallee 33, 31535 Neustadt, Postfach 1426, Tel. 05032-2014, Fax -65864.
Bornträger & Schlemmer, 67591 Offstein.
Dreschflegel, Föckinghauser Weg 9, 49324 Melle,
Tel. 05422-8994.
Hild Samen, Postfach 1161, 71666 Marbach, Tel. 071144847311, Fax. –99.
Samen Jansen, Beekweg 3, 46383 Bocholt, Tel. 0031/31565-1235, Fax -4444706.
Juliwa – Julius Wagner GmbH, Postfach 105880, 69048 Heidelberg, Tel. 06221/530420, Fax –22.
Rheinhold Krämer, Postfach 1511, 73505 Schwäbisch Gmünd, Fax 07171-39843.
Küpper, Mitteldeutsche Samen GmbH, Hessenring 22, 37269 Eschwege, Tel. 05651/80050, Fax -800544.
Kürbiserie – Gartenlust und Tafelfreuden, Eva Margit und Karl Ludwig Vogler, Falltorstraße 19, 35440 Linden, Samenlieferant mit einer besonders ausführlichen Beratung und alles rund um den Kürbis, Tel. 06403-71276, Fax -940881.
N.L. Chrestensen, Erfurter Samen- und Pflanzenzucht GmbH, Marktstr.28, 99016 Erfurt, Postfach 854, Tel. 0361-2245362, Fax -5624211.
Gärtner Pötschke, 41561 Kaarst, Tel. 02131-793333, Fax -66 9904.
Brigitte Schöner, Fuchsbergstr. 3, 86899 Landsberg, Tel. 08246-854, Fax -960604
Carl Sperling, Postfach 2640, 21316 Lüneburg, Tel. 04131/3017-0, Fax –45.

Australien
Athur Yates & Co, 244 Horsley Road, Milperra, NSW 2214.

Belgien
Peter Bauwens, Trompwegel 27, B-9170 De Klinge, Tel. 0032-3-770 78 16.

Canada
Stokes Seeds LTD., 39 James St., Box 10 St. Catharines, Ontario L2R 6R6/Canada, Tel. 90568-84300, Fax -848411.

Frankreich
Ferme de Sainte Marthe, Anprechpartner in Deutschland: Ulla Grall, Bäreneck 4 55288 Armsheim, Tel. 06734-960379.
Graines Baumaux, B.P. 100, F-54062 Mnancy Cedex.
Graines Gautier B.P. 1, F-13630 Eyragues, Tel. 909-41344, Fax -28396.

Großbritannien
Terre de Semences, Ripple Farm Crundale, GB-Canterburry Kent – CT4 7EB, Tel. 0044/966 448379.
T & M, Thompson & Morgan, Poplar Lane, GB-Ipswich, Suffolk IP8 3BU, Tel. 0044-1473 680 199.

Italien
Clause Semences L. Clause Italia S.p.A. Strada della Madonnina, 13, I-10078 Venaria/Torino, Tel. 011/495 -444, Fax -881.
Sementi dotto, S.p.A. I-33050 Mortegliano/DU.
Franchi Sementi S.p.A., I-24126 Bergamo, Via S. Bernardino, 120, Tel. 0039/3531-7181, Fax -8525.

Japan
Sakata Seed Corporation, P.O. Box Yokohama Minami No.20, 1-7 Nagata Higashi 3-chome, Minami-ku, Yokohama, Japan 232, Tel. 045715211-1, Fax -2.

Neuseeland
Watkins Seeds Ltd., P.O. Box 468, New Plymouth, New Zealand.

Niederlande
Petoseed P.O. Box 4206 Saticoy, CA 93007-4206 + Royal Seed, NL.
Vitalis Bioligsche Samen bv. Hengelderweg 6, NL-7383 RG Voorst, Tel. 0031/575-502648.
Willemse Ammersbek GmbH, NL-22921 Ahrensburg, Tel. 04102-499 333.
Xotus Samen, Middelweg 1, NL-2616 LV Delft

Österreich
Ing. Stefan Angelow, Hauptstr. 24, A-2332 Hennersdorf, Tel. 0043/22235-81200.
Arche Noah, Obere Straße 40, A-3553 Schiltern,
Tel. 0043/02734862-6, Fax -7.
Biologisches Saatgut, Garten der Vielfalt von der Gruppe Erde, Herbersdorf 17, A-8510 Stainz, Tel. und Fax. 00043/34 634384.
Austrosaat AG, A-8055 Graz, Puchstr. 172, Tel. 0043/316-295502-0, oder A-1232 Wien, Postfach 40, Tel. 0043/1-6167023-0.
Friedrich Etter GesmbH, Obere Hauptstr. 69a, A-Zurndorf.
Dr. Peter Lassnig, c/o Hof Zoubek, A-2282 Glinzendorf 7.
Saatbau Linz, Unterer Markt 23, A-4292 Kefermarkt.
Heinz Neunteufl, Schörgelgasse 601/3, A-8010 Graz.
Novartis Seeds GmbH, Linzer Str. 14, A-4070 Eferding, Tel. 0043/7272-37510.
Saatgut Gleisdorf GmbH, Am Tieberhof 33, A-8200 Gleisdorf.

Schweiz
Ekkharthof, CH-8574 Lengwil, Tel. 0041/71686 665-5, Fax -6.
Kürbisclub Basel c/o Naturhistorisches Museum,
Augustinergasse 2, CH-4001 Basel.
Samen-Mauser AG, Postfach 67, CH-8404 Winterthur, Tel. 0041/52-23-42828, Fax -35746.

Südafrika
Pannar P.O.Box 19, Greytown 3500.

Tasmanien
Mail Orders: P.O. Box 9, Stanley, Tasmania 7320, Registered
Office: 31 Smith St., Smithton, Tasmania.

Ungarn
Kertimag Vetómagkereskedelmi Kft., H-2886 Réde, Lesallljo
Major, Tel. 0036/343740-11, Fax -74.
Szentesi Mag Kft., H-6600 Szentes, Alsórét 154,
Tel. 0036/63-313-042.

USA
Burnee, W. Atlee Burnee & Co, 300 Park Avenue, Arminster PA 18991, Tel. 001-215 674-4900, Fax -8402.
Harris Seeds, 60 Saginaw Drive, P.O. Box 22960, Rochester, NY 14692-2960 USA.
Johnny's, Selected Seeds, Foss Hill Road, Albion Maine 04910-9731,
Tel.001/207437-4301, Fax -2185.
Park's, William Park, Cokesbury Road, Greenwood SC 29647-0001, Tel. 001/803233 7333.
Twilley, P.O. Box 65, Trevose, PA 19047, Tel. 001/800622 SEED.
Willhite Seed INC Poolville, Texas 76487.

Der Kürbis – in den Sprachen der Welt

Afrikaans: pampeon (Südafrika)
Albanisch: kungull/shpurdhe
Arabisch: gar'a/yaktin/qara sudani
Azerbaidschanisch: balqabaq
Baskisch: kalabazea/kalabazin
Bulgarisch: kestenka/tikva/obiknovena tikva
Chinesisch: yü-kwa/nan-kua
Chilenisch: zapallo
Dänisch: graeskar/centnergraeskar/pepograeskar
Deutsch: Kürbis
Englisch: pumpkin, Squash
Esperanto: kukurbo
Estisch: korvits/suureviljalist

Finnisch: kurpitsa/kesäkurpitsa/jättiläis kurpitsa
Flämisch: pompoen, garbuz
Französisch: potiron, citroouille
Galizisch: cabazo
Gälisch: puimcin/cabaceira
Griechisch: kolokisa/kolokythi/kolohythaki
Hebräisch: delaat gedola/delaat hasade
Holländisch: pompoen, reuzenkalebas
Hindi: vilayati kaddu/chappan kaddu
Japanisch: kabocha
Indonesisch: labu
Irisch: pumkin
Italienisch: zucca
Katalonisch: carabassa
Kirgisisch: askabak
Koreanisch: tokhobak/anzunhobak
Laotisch: mak èn
Lateinisch: cucurbita
Lettisch: kirbis
Litauisch: cukinijos
Mazedonisch: tikva pecenka/tikvicki
Malagassisch: pongy/tsirebika
Malaiisch: labu (Malaysia)
Maori: poukena
Marathi: Lal bhopala (Indien)
Mittelhochdeutsch: kürbiz
Norwegisch: gresskar
Persisch: kadu (Iran)
Polnisch: dynia/dynia zwyzajna/dynia olbrzymia
Portugiesisch: abobora porqueira/abobora menina
Rumänisch: dovleac alb/dovleac comun
Russisch: tikva krupnoplodnaja/tikva tverdokoraja
Serbokroatisch: bundeva pecenka
Slovakisch: dyna/tekvica
Slowenisch: boca/jedilna boca
Spanisch: calabaza comun/zapallo
Schottisch: puimceann
Schwedisch: pumpa/jättepumpa
Tagalisch: kalabasa
Tamilisch: paussani
Tschechisch: dyne/tykev
Türkisch: kabak
Ukrainisch: garbouz tverdokorij/garbouz velikoplidnij
Ungarisch: sütőtök
Urdu: patha (Pakistan/Afghanistan)
Usbekisch: oskovok/kovokca
Vietnamesisch: qua bi
Walisisch: pwmpen
Yoruba: elegede

Literaturnachweise

Vreny Walter und Erica Bänzinger, Das neue Kürbis-Kochbuch, Midena-Verlag.
Erika Seidl, Kochen mit Steirischen Kürbiskernen und Kürbiskernöl, Eigenverlag Erika Seidl.
Der Kürbis, Könemann-Verlag.
Editha und Reinhold Reiterer, Kürbis – Von den Früchten, den Kernen und ihrem Öl, Brandstätter-Verlag.
Kulmer/Weber, Kürbisse in Küche und Garten, Stocker-Verlag.
Landwirtschaftliches Versuchszentrum Steiermark, Wies, Südweststeiermark, Österreich.

Kürbiskochbücher

Adam, Cornelia: Die Kürbisküche. Heyne, München 1997.
Aepli, Beatrice: Pastinaken, Kürbis & Co. Falken Verlag, Niedernhausen 1998.
Buchter-Weisbrodt, Helga: Natürlich gesund durch Kürbis und -Kernöl. Trias Verlag, Stuttgart 1999.
Buchter-Weisbrodt, Helga: Kürbis & Zucchini. Verlag Eugen Ulmer, Stuttgart 2001.
Elffers, Joost und Saxton Freymann: Kürbisköpfe – Vom lustigen Gesicht zum leckeren Gericht. Nicolaische Verlagsbuchhandlung, Berlin 1999.
Gasser, Bruno: Am Anfang war Kürbis. Friedrich Reinhardt Verlag, Basel 1995.
Guist, Christine und Harry Assenmacher: Die Herbstküche. bio-Verlag, Schaafheim 1999.
Handschmann, Johanna: Neues aus der Gemüseküche – Kürbis, Spitzkohl, Löwenzahn. Südwest Verlag, München 1998.
Kiel, Martina und Karola Wiedmann: Kürbis, Mangold & Co. Gräfe und Unzer Verlag, München 1996.
König, Katharina: Rund um den Kürbis. Ludwig, München 1999.

Kulmer, G.und J. Weber. Kürbisse in Küche und Garten. Leopold Stocker Verlag, Graz 1997.

Küpfer, Ursula und Heide Ramseier: Das Kürbisbüchlein, Rezepte von pikant bis süß. Sinwel Verlag und Buchhandlung, Bern 1994.

Der Kürbis – Überlieferte Rezepte aus italienischen Küchen. Könemann, Köln 1999.

Lageder, Michael: Der Kürbis – Die allergrößte Beere. Radinger Druck 1998.

Lestrieux, Elisabeth: Der Kürbis und alles was in ihm steckt. DuMont, Köln 1997.

Messerli, Karin: Kürbis – Die besten Rezepte. AT-Verlag, Aarau 1998.

Müller, Norbert: Zucchini, Tomaten, Kürbis. Südwest, München 1999.

Neumann, Ulla und Erica Bänzinger: Violet und der Kürbis. Midena, Küttigen 1997.

Paukert, Herbert: Das Kürbis- und Kernöl-Kochbuch. Verlag für Sammler, Graz 1995.

Quadri-Leemann, Cristina: Kürbisrezepte. Landbuch, Hannover 1996.

Reiterer, Editha u. Reinhold: Kürbis. Christian Brandstätter Verlag, Wien 1994.

Rezepte frisch vom Markt. Kürbis, Karpfen, Koriander – Marktleute verraten ihre Lieblingsrezepte. Companions, Hamburg 1999.

Schinharl, Cornelia: Kürbis – gigantisch gut. Gräfe und Unzer Verlag, München 1999.

Schrambling, Regina: Kürbis – Landhausküche. Carlsen, Hamburg 1997.

Scotto, Elisabeth: Kürbis, Löwenzahn, Kardonen. Christian Verlag, München 1997.

Seidl, Erika: Kochen mit Steirischen Kürbiskernen und Kürbiskernöl. Eigenverlag Erika Seidl, A-8200 Ludersdorf.

Skibbe, Petra u. Joachim: Köstliche Kürbisküche. Vegetarische Rezepte. pala, Darmstadt 2000.

Teubner, Christian: Kürbis & Zucchini. Gräfe und Unzer Verlag, München 1999.

Walther, Vreny und Erica Bänziger: Das neue Kürbiskochbuch. Augustus Verlag, Augsburg 1999.

Waniorek, Axel u. Linda: Kürbis und Kürbiskernöl. Verlag Moderne Industrie, Landsberg, 1997.

Widmaier, Marianne: Kürbis. Medienwelt Schlichtenmaier, Weissach im Tal 1998.

Bildquellen

Stein, Gitte und Siegfried, Vasdorf: Seite 31, 34, links, großes Bild, 37, rechts, großes Bild.

Die Fotos der Samen erstellte Frau DR. Helga Buchter-Weisbrodt, Rödersheim-Gronau.

Alle anderen Fotos inklusive der Titelbilder stammen von Margarete Pfisterer.

Sachregister

Acorn 33
Acornsorten (Tabelle) 12
Alles über Kürbisse 9ff.
Allgemein 26
Anhang 77 ff
Anmerkung 32
Aromatische Speisekürbisse (Tabelle) 18, 19
Aspen 33
Atlantic Giant 34
Aussaat 13, 14, 15
Autumn Queen 33

Baby Bear 34
Baby blue 37
Baby Boo 35
Baby Hubbard blue 37
Bezugsquellen für Samenlieferanten 77, 78
Big Max 35
Bildquellen 80
Bischofsmütze 58, 62
Blaue Banane 36
Blauer Ungarischer 36
Blue Ballet 37
Blue Hubbard 37
Blue Kuri 38
Buckskin 38
Bunter Squash 58
Butterboy 39
Buttercup 39
Butternut 39

Chioggia 40
Comet 58, 59
Cucurbita-Arten 10
Cucurbita ficifolia (Tabelle) 12
Cucurbita maxima (Tabelle) 10
Cucurbita mixta (Tabelle) 12
Cucurbita moschata (Tabelle) 12
Cucurbita pepo (Tabelle) 11
Cushaw 40
Custard White 58
Cyclanthera pedata (Tabelle) 12

Dekorieren 20, 25, 27
Delica 41
Delicata 41
Direktsaat 14, 15
Düngung 16

Early Butternut 39
Einführung 8
Eingeritzte Dekokürbisse 27
Erläuterungen zu den Sortenbeschreibungen 29
Ernte 16, 20, 23
Erntezeitraum 29
Erntezeiträume (Tabelle) 17
Evergreen 42

Farbe 29
Flaschenkürbis 39
Fliegende Untertasse 58
Form 29
Französischer Muskatkürbis 51
Frosty 42
Fruchtfleisch 29
Fruchtfleischbewertung 32
Futsu Black Rinded 43

Galeux d´Eysines 62
Gattungen und Arten 9
Gelber Kürbis 43
Gelber Kürbis, genetzt 44
Gelber Squash 58
Gelber Zentner 43
Gelber Zentner, genetzt 44
Gele Centenaar 43
Geschichte 9
Geschmack 30
Gesundheit 24, 26
Gewicht und Größe 29
Gleisdorfer Ölkürbis 58, 59
Goldapfel 44
Golden Delicious 45
Golden Hubbard 45
Green Delicious 46
Green Hubbard 46
Große Kürbisse ab etwa 5 kg (Tabelle) 65, 66,
Grüner Hokkaido 47
Grüner Squash 58

Halloween 49
Hasta la pasta 57, 58
Heart of Gold 33
Herakles 58, 59
Herkunft 9
Hokkaidosorten (Tabelle) 12
Hörnchenkürbis 47
Howden 48
Hubbardsorten (Tabelle) 13

Sachregister

Jack be little 48
Jack O´Lantern 49
Jaspee de Vendee 49

Kaisermütze 58, 62
Kerne 30
Kleine Kürbisse bis etwa 2 kg (Tabelle) 67, 68
Korila 47
Kürbis – in den Sprachen der Welt 78, 79
Kürbis-Apfel-Suppe 24
Kürbisarten 9
Kürbisfeste (Tabelle) 75,76
Kürbiskochbücher 79, 80
Kürbiskuchen und –sahnetorte 30
Kürbisse zum Aushöhlen und Schnitzen (Tabelle) 28

Lady Godiva 58, 59
Lagerung 23,24
Lagerzeit 30
Langer aus Nizza 50
Literaturnachweise 79
Lumina 50

Mandarin 48
Mandelkürbis 58, 59
Männliche Blüten 26
Marina de Chioggia 40
Markant 58, 59
Melonenkürbis 49
Melonnette 49
Mesa Queen 33
Mittlere Kürbisse etwa 2 bis 5 kg (Tabelle) 66, 67
Muscat de Provence 51
Muskatkürbis 51

Napolitaner Kürbis 51
North Georgia 52

Olive 52

Panachee 58
Patidou 59
Patisson 58
Pepita 53
Peruaner 53
Peruanischer Kürbis 53
Pflege 15, 16
Priesterhut 62

Red Kuri 54, 55
Register 80
Riesenkürbis Gargantua 34
Riesen-Melone 43
Riesen-Melone, genetzt 44
Rolet 54
Rosa Riesenbanane 54
Roter Hokkaido 54, 55
Roter Kürbis 55
Roter Potimarron 54, 55
Roter Zentner 55
Rouge vif de Ètampes 55
Runder Nizzakürbis 56

Sehr kleine Kürbisse bis etwa 1 kg (Tabelle) 68
Sepp 58, 59
Show King 34
Siamesische Kugel 56
Siamkürbis 56
Snow Delight 57
Sorte 29
Spagettikürbis 57, 58
Speisekürbis-Empfehlung für den Hausgarten (Tabelle) 70, 71
Speisekürbisse im Überblick (Tabelle) 72, 73, 74
Speisekürbisse von A bis Z – Zusammenfassung 32
Speisekürbisse von A bis Z 33ff
Sputnik 58
Squash 58
Squashsorten (Tabelle) 13
Squash-Vielfalt 24
St. Martin 49
Steirischer Ölkürbis 58, 59
Stiel 29
Sunburst 58
Sweet Dumpling 59
Sweet Mama 47
Sweet Pie 48

Tabellen 65ff
Table Gold 33
Tancheese 60
Tivoli 57, 58
Tom Fox 49
Tonda Pandana 60
Tondo chiaro de Nizza 56
Triambelkürbis 61
Triamble 61
Triangle 61

Triple Treat 58, 59
Tristar 61
Trombocino d'Albenga 61
Trombolino 61
Tuffy 33
Türkenturban 62
Türkischer Kürbis 62

Uchicki Kuri 54, 55
Ufo 58

Varietäten des Cucurbita pepo 11
Vegetable Spagetti 57, 58
Verwendung 21, 22, 23, 24, 26, 32

Vorwort 5, 6
Vorzucht 13, 14

Warzenkürbis 62
Weibliche Blüte 26
Weißer Acorn 33
Weißer Gartenkürbis 63
Wetterdaten von Heidelberg 29
Winter Luxury 63
Winterhorn 33
Wuchs (Tabelle) 68, 69, 70
Wuchsform der Pflanze 30

Zuckerkürbis aus dem Berry 64

Vermarktung und Lagerung.

Direktvermarktung und hofeigene Verarbeitung sind heute wichtige Alternativen für viele Landwirte, die durch die neue Agrarreform bzw. durch Einkommenseinbußen betroffen sind und auf die Sicherung ihrer Existenz bedacht sein müssen. Dieses Buch bietet die notwendige Hilfestellung, um den Einstieg in die Direktvermarktung richtig zu planen und zu organisieren. Die Autoren erörtern praxisorientiert viele Produktbeispiele, das erforderliche Marketing, aber auch die einschlägigen Rechtsprobleme und vieles mehr. Ob alternativ oder herkömmlich wirtschaftender Landwirt, beide werden hier umfassend informiert. Kompetente Hilfestellung für die richtige Planung und Organisation des Verkaufs auf dem eigenen Hof. Prof. Dr. Karl Herrmann ist emeritierter Universitätsprofessor. Er war Leiter des Instituts für Lebensmittelchemie der Universität Hannover und Mitglied des Vorstandes der Lebensmittelchemischen Gesellschaft.
Direktvermarktung. B. Wirthgen, O. Maurer. 2. Aufl. 2000. 236 S., 51 Tab., 23 Farbfotos, 58 sw-Fotos und Zeichnungen. ISBN 3-8001-4207-4.

THE HYBRID VEGETABLE SEED COMPANY

SPIRIT

Die Tradition der Kürbis-Laternen im Herbst ist schon seit geraumer Zeit aus den Vereinten Staaten zu uns "herübergeweht". Die Früchte von Spirit mit Gewichten von 4-5 kg und sehr harter Rinde eignen sich besonders gut, um eine solche Laterne herzustellen. Die tieforange ausgefärbten, hochrunden Früchte kommen auf diese Art und Weise besonders gut zur Geltung. Aber auch das Fruchtfleisch kann zu delikaten Mahlzeiten verarbeitet werden. Durch die kompakte Pflanzenform (Semibush) nimmt die Kultur von Spirit in Ihrem Garten nicht so viel Platz in Beschlag.

Erwerbsgärtner können bestellen bei:
Seminis Vegetable Seeds Deutschland GmbH
Tel: 05032-2015   Fax: 05032-65864
Als Hobbygärtner wenden Sie sich bitte an den Fachhandel

Seminis. Vegetable Seeds

Immer mehr Obstanbauer gehen dazu über, das von ihnen produzierte Obst selbst zu lagern und zu vermarkten.
Lagerung von Obst und Südfrüchten. Dr. A. Osterloh (Hrsg.) u.a. 1996. 253 Seiten, 83 Farbfotos auf Tafeln, 58 sw-Fotos, 55 Tabellen. ISBN 3-8001-5819-1.

Die Frischhaltung und Lagerung des geernteten Gemüses ist die Grundlage für ein attraktives Marktangebot mit einem hohen ernährungsphysiologischen Wert.
Frischhaltung und Lagerung von Gemüse. Dr. H. Böttcher. 1996. 252 Seiten, 45 Farbfotos. ISBN 3-8001-5820-5.

Für den Praktiker im Obst- und Gemüsebau.

Dieses Buch stellt alle wichtigen Aspekte der industriellen Herstellung von Frucht- und Gemüsesäften in ausführlicher und übersichtlicher Weise dar. Mit der 3. Auflage liegt eine vollständig überarbeitete und aktualisierte Version des Standardwerkes vor. Das Kapitel zur Abwasser- und Abfallbeseitigung wurde erweitert sowie die neuesten Techniken und Analysemethoden beschrieben. Dr. sc. techn. Ulrich Schobinger war in leitender Stellung in der Lebensmittelindustrie tätig. Er war Wissenschaftler und Vizedirektor der Eidgenössischen Forschungsanstalt für Obst-, Wein- und Gartenbau in Wädenswil (CH) sowie Kommissionspräsident der Wissenschaftlich-technischen Kommission der Internationalen Fruchtsaft-Union.
Frucht- und Gemüsesäfte. Technologie, Chemie, Mikrobiologie, Analytik, Bedeutung, Recht. Ulrich Schobinger (Hrsg.). 3. völlig überarbeitete und aktualisierte Auflage 2001. 651 Seiten, 254 Abbildungen, 99 Tabellen. ISBN 3-8001-5821-3.

Von 27 Obst- und 47 Gemüsearten werden die Inhaltsstoffe und - soweit bekannt - deren Gehalte angegeben. Im Einzelnen werden Zuckerarten, weitere Kohlenhydrate wie Ballaststoffe, Säuren, Eiweiß, Rohfett, wesentliche Mineralstoffe und Vitamine, Carotinoide, Aromastoffe, Pflanzenphenole (Flavonoide und Phenolcarbonsäure-Derivate) sowie weitere bekannte Inhaltsstoffe behandelt. Für Obst und Gemüse getrennt, beginnen beide Hauptteile mit allgemeinen Angaben zu den Inhaltsstoffgruppen und schließen mit zum Teil ausführlichen Tabellen ab. In einem gesonderten Teil wird die ernährungsphysiologische und gesundheitliche Bedeutung der Inhaltsstoffe relativ ausführlich besprochen. Zielsetzung des Buches ist es, dem Leser einen zuverlässigen Überblick über den jetzigen Stand der wissenschaftlichen Kenntnisse zu geben.
Inhaltsstoffe von Obst und Gemüse. Karl Herrmann. 2001. 200 Seiten, 97 Formeln, 50 Tabellen und Übersichten. ISBN 3-8001-3139-0.

Es gibt kein Fachbuch, das eine so große Anzahl von Gemüsearten so vollständig und tiefgründig behandelt. In diesem umfassenden Standardwerk sind nach einer einheitlichen Gliederung über 130 Gemüsearten aus 30 Pflanzenfamilien dargestellt. Enthalten sind auch jene Gemüsearten, die in früheren Zeiten Bedeutung hatten und zunehmend in Vergessenheit gerieten, zudem auch solche, die aus fernen Ländern als sogenannte Gemüseexoten und -raritäten zu uns gekommen sind. Dieses Handbuch verfügt über ca. 2.200 weiterführende Literaturangaben. Bei der Beschreibung der Gemüsearten finden die effizienten und umweltschonenden Anbauverfahren und Produktionsmethoden, die den Erfordernissen des integrierten Gemüseanbaus Rechnung tragen, besondere Berücksichtigung.
Handbuch des speziellen Gemüsebaus. Prof. Dr. Georg Vogel. 1996. 1128 Seiten, 133 Farbfotos auf Tafeln, 432 sw-Abbildungen und Zeichnungen, 542 Tabellen. ISBN 3-8001-5285-1.

Wenn Sie mehr wissen wollen...

Was tun, wenn Ihr Garten nach einem besonders milden Sommer vor Zucchini, Tomaten und Äpfeln überquillt und Sie beim besten Willen nicht alles auf einmal verwerten können? Oder wenn Sie bei einem allzu verlockenden Schnäppchen auf dem Obst- und Gemüsemarkt einfach nicht Nein sagen konnten? Kein Problem! In diesem Buch erfahren Sie alles über die gängigsten Konservierungsformen vom Tiefgefrieren über das Einmachen, Räuchern, Pökeln und Dörren bis hin zur Kellerlagerung. So bleiben Ihre Schätze noch lange erhalten und Sie können auch in den vitaminarmen Wintermonaten jederzeit Geschmackvolles und Gesundes auf den Tisch zaubern.
Konservieren. Alles über die perfekte Vorratshaltung. Heinz K. Gans. 2000. 224 Seiten, 310 Farbfotos. ISBN 3-8001-6790-5.

Gemüsebau. Prof. Dr. Dietrich Fritz u.a. 9. Auflage 1989. 380 Seiten, 70 Farbfotos, 129 sw-Abbildungen, 102 Tabellen. ISBN 3-8001-5132-4.

Vielfältige Informationen über die Besonderheiten des Pflanzenschutzes, die für die praktische Arbeit in Gemüsekulturen sehr hilfreich sind. Eine erstklassige Hilfe beim Erkennen von Krankheitsursachen und Schadorganismen an Gemüsepflanzen und zum Einleiten erfolgreicher Gegenmaßnahmen.
Pflanzenschutz im Gemüsebau. Prof. Dr. Gerd Crüger. 4., neubearbeitete und erweiterte Auflage 2002. Etwa 360 Seiten, 349 Farbfotos. ISBN 3-8001-5135-9.

Der Obst- und Gemüsebau steht im Spannungsfeld zwischen Rentabilität, Qualität und Umwelt. Das Bewußtsein des Verbrauchers und gesetzliche Beschränkungen zwingen zu Umstellungen. Dieses Buch ist eine Orientierungs- und Entscheidungshilfe für den Betriebsleiter sowie eine Informationsgrundlage für alle, die am Fortschritt der Gemüse- und Obstproduktion interessiert sind.
Integrierter Gemüse- und Obstanbau. Prof. Dr. G. Reinken. 1992. 270 S., 31 Farb- und 8 sw-Fotos, 96 Zeichnungen ISBN 3-8001-5539-7.

Dieser Farbatlas ermöglicht die rasche Diagnose von Pflanzenkrankheiten. Dabei hilft eine einzigartig reiche Fotosammlung. Hobbygärtner und Gartenprofis, Pflanzenproduzenten und Studierende gleichermaßen werden ihren Nutzen daraus ziehen. Dargestellt werden die Krankheitsbilder aller wichtigen Pflanzengruppen: Zimmerpflanzen, Beetpflanzen, Sommerblumen, Stauden, Ziergehölze, Obst und Gemüse. Die Schadbilder und Beschreibungen geben einen präzisen Überblick über die Schadursachen. Abschließend sind Krankheiten und Schädlinge aufgelistet, die seltener vorkommen. Die Bekämpfungsempfehlungen gehen von einem weitgehenden Verzicht chemischer Maßnahmen aus. Pflanzenschutzmittel sind beispielhaft genannt.
Farbatlas Krankheiten und Schädlinge an Zierpflanzen, Obst und Gemüse. Dr. B. Böhmer, Dr. W. Wohanka. 1999. 240 Seiten, 574 Farbfotos. ISBN 3-8001-5290-8.

Obstsortenatlas. Dr. R. Silbereisen u.a. 2. Auflage 1996. 420 Seiten, 237 Farbfotos., 106 bot. Zeichn., 98 Tab. ISBN 3-8001-5537-0.